财务管理创新理念探索

刘 杰 鲁雨果 李 伟 著

中国商业出版社

图书在版编目（CIP）数据

财务管理创新理念探索/刘杰，鲁雨果，李伟著
. --北京：中国商业出版社，2023.9
ISBN 978-7-5208-2622-8

Ⅰ.①财… Ⅱ.①刘…②鲁…③李… Ⅲ.①财务管
理-研究 Ⅳ.①F275

中国国家版本馆 CIP 数据核字（2023）第 175287 号

责任编辑：王 静

中国商业出版社出版发行
（www.zgsycb.com 100053 北京广安门内报国寺 1 号）
总编室：010-63180647 编辑室：010-83114579
发行部：010-83120835/8286
新华书店经销
济南万泉彩色印刷有限公司印刷

*

787 毫米×1092 毫米 16 开 9.5 印张 200 千字
2023 年 9 月第 1 版 2023 年 9 月第 1 次印刷
定价：56.00 元

* * * *

（如有印装质量问题可更换）

前　言

随着经济全球化的不断发展，企业之间的竞争也变得日益激烈和常态化。财务管理作为价值增值的主要手段，在企业经营管理中的地位越发重要。传统的财务管理已经无法满足现代企业发展的基本需要，在很大程度上制约着企业的高质量发展。在这样的宏观大背景下，研究财务管理创新则更加具有实效性和紧迫性。追求创新已成为企业永恒的主题，也是国家经济发展的重大战略意图。在现代企业发展理念中，只有不断创新、变革财务管理模式与财务管理思路，才能够赢得更大的生存和发展空间。

鉴于此，本书介绍了新时代背景下财务管理的基本理论、意义、基本组成、创新理念，分析了大数据时代对企业财务管理的影响以及企业财务管理面临的挑战与变革，论述了大数据时代企业财务风险预警与管理。

希望本书的出版能为会计教育与财务管理研究提供帮助，为从事会计教育与财务管理研究的工作人员提供参考，为中国经济的发展改革和转型升级提供扬帆远航的动力。本书是由聊城大学刘杰、安徽机电职业技术学院李鲁雨果、塔里木大学李伟担任主编。

在本书的编写过程中，参考借鉴了国内外学者的大量研究成果，在此对这些学者表示衷心的感谢。由于时间及编者水平所限，本书难免存在不足之处，我们真诚地希望读者提出宝贵的意见和建议。

作　者

2023 年 2 月

目　　录

第一章　财务管理基本理论

第一节　财务管理概述

一、财务管理内涵

企业的管理离不开对企业财务的管理，从字面意思来理解财务管理，“财”是企业的钱和物资，“务”是事务，是与钱和物资有关的事务，财务管理是对企业钱和物资以及由此产生的相关事务的管理。对企业财务管理内涵的理解，我们可以从分析企业的资金运动及由资金运动产生的相关问题开始。在市场经济条件下，企业作为整个经济体系的基本构成单元，其有效运转以客观存在着的各种形式的资金运动为基础。如工业企业的运转，是从货币资金开始，通过购买原材料进行生产和销售，从货币资金转换成储备资金、生产资金，最后又转换成货币资金；证券投资活动是以货币资金取得证券资金，通过转让再将证券资金转换成货币资金的取得资金增值的活动；等等。

企业所有的资金运动都在一定的环境中实现，在资金运动过程中形成了各种与资金运动相关的行为活动，包括资金的筹集、资金的投放、资金的使用和资金的分配等，我们把企业的资金运动活动称为企业的财务活动；同时，资金在运动过程中会引起各种事务之间的联系，形成财务关系，包括企业与政府间的关系、企业与投资者之间的关系、企业与债权人之间的关系、企业与债务人之间的关系、企业内部各业务单位之间的各种关系等，我们称之为企业的财务关系。

（一）企业的财务活动

企业的财务活动，主要包括资金的筹集活动、资金的投放活动、资金的使用活动和资金的分配活动等。

1. 资金的筹集活动

拥有一定的资金是企业进行生产经营的前提，尽管《中华人民共和国公司法》规定了认缴资本制度，但企业经营也需要一定的本钱，因此企业需要筹集一定的资金保证企业的正常运营。通过企业资产负债表的右边资金来源看，企业筹集的资金有两种来源：一种是股权性资金，是企业通过吸收直接投资、发行股票、企业内部留存盈余等方式从投资者处取得的自有资金；另一种是债务性资金，是通过向银行等金融机构借款、发行债券、各项应付款项等方式从债权人处取得的债务资金。企业筹集资金形成企业资金的流入，在资金的使用权和所有权分离后，资金的使用人应为使用资金而向资金的所有人支付一定的代价，这些代价分为筹资费用和使用费用。筹资费用是为筹集资金而付出的代价，例如，向银行借款支付的手续费，发行股票支付的发行费用；使用费用是因使用资金而付出的代价，例如，使用银行借款支付的利息，发行股票支付的股利等。由于资金的筹集和使用所付出的代价不一样，出于对企业筹资成本的考虑，在企业筹集资金的时候，要根据企业筹资规模，合理选择筹资方式，确保达到一个合理的资本结构，这个资本结构应是综合资本成本最低的筹资组合。

2. 资金的投放活动

资金只有在流通过程中才会产生增值，企业需要将取得的资金投入生产经营过程中，让资金运动，才会实现收益，因此企业需要进行各种形式的投资活动。企业资产负债表的左边反映企业资金的投放，企业的资金可以用于购买流动资产和非流动资产（包括固定资产、无形资产）等，形成企业内部的投资；企业的资金也可以用于购买其他企业的股票、债券或与其他企业联合经营，形成企业的对外投资。企业投资活动的结果形成不同的资金占用形式，并由此产生各种投资收入。因此，为保证投资活动产生货币增值，企业在进行资金投放的时候，要对投资项目进行评价、选择，对投资活动的实施进行监督，保证各种投资能够获得收益。

3. 资金的使用活动

企业在运转过程中，会使用资金，发生各种形式的资金收支，包括销售实现的资金收入，购买材料、支付工资、支付各项费用等发生的资金流出等。企业的资金使用活动，主要涉及企业的各项营运资金的增减变化活动。

4. 资金的分配活动

企业生产经营的财务成果，要在不同的投资者间进行分配，并由此形成资金的分配活动。资金的分配活动，主要包括相关股利政策的选择、实际支付方式和时间的选择与具体操作活动。

（二）企业的财务关系

企业的财务关系，包括企业与政府间的关系、企业与投资者之间的关系、企业与债权人之间的关系、企业与债务人之间的关系、企业内部各业务单位之间的各种关系等。

1. 企业与政府间的关系

企业与政府间的关系，表现为两种不同性质的关系。一种是政府作为社会管理者发生的与企业之间管理与被管理的关系。这种关系包括企业生产经营过程中应当按照《中华人民共和国企业所得税法》的规定缴纳各种税费，如增值税、所得税及消费税等，还包括企业在经营过程中因违法行为接受政府相关部门的处罚而支付的罚款。另一种是政府作为投资者发生的与企业之间投资与被投资的关系。这种关系主要是指国家通过有权代表其投资的部门或机构以国有资产的方式对企业进行投资所形成的财务关系，作为代表国家的部门或者机构，是以投资者的身份参与企业的经营决策、企业的利润分配等。

2. 企业与投资者之间的关系

企业接受投资者的投资后，投资者成为企业的所有者，有权参与企业的经营决策、企业的利润分配等，从而形成与企业间的经济关系。企业的投资者按照投资合同、协议或章程规定履行出资人的义务，按照约定向企业提供资金以形成企业经营的本钱——资本金；同时，企业投资者根据出资额按照约定享受投资者权利，参与企业利润分配、财产分配，获得收益。

3. 企业与债权人之间的关系

企业向债权人借入资金，从而形成了与债权人之间的债权债务关系，作为债务人的企业承担向债权人偿还本金、支付利息的义务，作为出借资金的债权人享有获取利息、收回本金的权利。

4. 企业与债务人之间的关系

企业通过向债务人提供资金支持，从而形成了与债务人之间的债权债务关系，企业作为债权人有权要求债务人按照约定支付本金、利息等，债务人有义务按照约定支付本金和利息。

5. 企业内部各业务单位之间的各种关系

由于企业的分权管理、企业各职能部门之间的分工协作等方面的原因，企业内部的各单位间会形成各种经济关系，如资金的调拨、相互提供产品或劳务等形成的内部资金结算等。

企业内部存在的另外一种经济关系，是企业与职工之间的关系。企业与职工之间的财务关系主要包括核算并向职工支付各种形式的工资和津贴。

（三）财务管理的内涵

财务管理是组织企业财务活动、处理企业财务关系的一项综合性经济管理活动，企业的经营目标就是盈利，企业的所有的业务活动都与“财”有关，因此，财务管理是企业管理的重要构成部分。与企业其他管理活动相比，其特征主要表现为两点。一是财务管理以价值管理为核心。企业的财务管理首先是利用各种价值指标来安排各项经济活动。二是财务管理作为企业管理的一部分，具有管理活动所具备的计划、组织、控制、指挥与协调的职能，但更侧重于从资金使用效益的角度进行各项决策和控制，如筹资决策要考虑筹资成本，投资决策要考虑投资收益等。

二、财务管理的演进及主要内容

（一）财务管理的演进

在财务管理的产生和发展进程中，社会经济的发展是根本前提，金融市场的发展和企业组织形式的变迁是直接推动力，重大经济事件则起到了促进的作用。西方企业财务管理已经经历了100多年的发展，我们通过研究，认为西方企业财务管理发展过程大体分为以下几个阶段。

1. 融资财务管理时期（1900—1950年）

20世纪初期，西方国家股份公司迅速发展，企业规模不断扩大，市场商品供不应求。公司普遍存在如何为扩大生产经营规模筹措资金的问题。当时公司财务管理的职能主要是预计资金需要量和筹措公司所需资金，融资是当时公司财务管理理论研究的根本任务。从一定意义上讲，当时财务管理问题就是融资管理问题，融资管理问题就是财务管理问题。因此，这一时期称为融资财务管理时期或筹资财务管理时期。

为适应当时的情况，各个公司纷纷成立新的管理职能部门——财务管理部门，独立的公司理财活动应运而生。财务管理理论研究的重点主要也是融资问题。1910年美国学者米德（Meade）出版了20世纪第一部专门研究公司筹资财务管理的著作《公司财务》，1938年戴维（Dewing）和李昂（Lyon）分别出版了《公司财务政策》和《公司及其财务问题》。这些著作主要研究企业如何卓有成效地筹集资本，形成了以研究公司融资为中心的“传统型公司财务管理理论”学派。所罗门（Solomon）认为，这种“传统财务研究”为现代财务管理理论的产生与完善奠定了基础。但这种财务理论忽视资金使用问题，存在很大的局限性。

1929年爆发的经济危机和20世纪30年代西方经济的不景气，造成众多企业破产，投资者损失严重。为保护投资人的利益，西方各国政府加强了证券市场的法制管理。如美国1933年和1934年出台了联邦证券法和证券交易法，对公司证券融资作出严格的法律规定。此时，财务管理面临的突出问题是金融市场制度与相关法律规定等问题。财务管理首先研究和解释各种法律法规，指导企业按照法律规定的要求，组建和合并公司，发行证券以筹集资本。因此，西方财务学家将这一时期称为守法财务管理时期或法规描述时期。

1929—1933年的经济危机，也使如何维持公司生存成为投资者和债权人关注的首要问题。经济危机使许多公司意识到，财务管理的任务并不仅是融资问题，还应包括对资金的科学管理与使用，只有注重资金的使用效益，保持资本结构的合理性，严格控制财务收支，才能使经营立于不败之地。这样，20 世纪 30 年代以后，财务管理的重点开始从扩张性的外部融资，向防御性的内部资金控制转移，各种财务目标和预算的确定、债务重组、资产评估、保持偿债能力等问题，开始成为这一时期财务管理研究的重要内容。

一些专家、学者根据20 世纪30 年代以后出现的这种趋势，认为西方财务管理理论进入了新的发展时期。实际上并非如此。直到20 世纪40 年代末期，公司财务管理的理论与方法仍然没有实质性进展。财务管理的重点仍停留于外部融资，财务理论的内容仍以介绍法律、金融市场和金融工具为主。至于怎样提高资金使用效率和强化内部控制等问题，尚未达到应有的重视程度。

2. 资产财务管理时期（1951—1964 年）

20 世纪 50 年代以后，面对激烈的市场竞争和买方市场趋势的出现，在总结历史经验教训的基础上，财务经理普遍认识到，单纯靠扩大融资规模、增加产品产量已无法适应新的形势发展需要，财务经理的主要任务应是解决资金利用效率问题，做好资金利用的决策。公司内部的财务决策上升为最重要的问题，而与融资相关的事项已退居到第二位。这样，公司财务决策与生产决策、营销决策一起，构成了决定公司生死存亡的三大决策支柱。美国各大公司纷纷设立财务副总经理，由其制订公司的重要财务方针和计划，编审财务控制预算和评估重大投资方案等。基于这一原因，西方财务学家将这一时期称为内部决策时期或综合财务管理时期。

在此期间，资金的时间价值引起财务经理的普遍关注，以固定资产投资决策为研究对象的资本预算方法日益成熟。最早研究投资财务理论的美国人迪恩（Joel Dean）于 1951 年出版了《资本预算》，对财务管理由融资财务管理向资产财务管理的飞跃发展发挥了决定性影响。此后，财务管理的重心由重视外部融资转向注重资金在公司内部的合理配置，使公司财务管理发生了质的飞跃。由于这一时期资产管理成为财务管理的重中之重，因此称为“资产财务管理时期”。

这一时期，西方财务理论获得较大发展，主要的财务管理学家有美国的洛夫（Lough）、英国的罗斯（Rose）、日本的古川荣等。

20 世纪 50 年代后期，对公司整体价值的重视和研究，是财务管理理论的另一显著发展。实践中，投资者和债权人往往根据公司的盈利能力、资本结构、股利政策、经营风险等一系列因素来决定公司股票和债券的价值。所以，遇有重大决策时，首先必须评估决策对公司价值将会产生何种影响。由此，资本结构和股利政策的研究受到高度重视。1958—1961 年，米勒（Miller）和另一位财务学者莫迪利安尼（Modigliani）经过大量实证研究，提出了著名的 M—M 定理，即在有效的证券市场上，公司的资本结构和股利政策与其证券价值无关。西方财务界对此反响强烈。最初该定理被看作离经叛道的奇谈怪论，但今天它已被学术界公认为显而易见的道理，大多数财务学者认为它是财务管理理论中最重要的贡献，奠定了现代公司财务理论的基础。

总之，在这一时期以研究财务决策为主要内容的“新财务论”已经形成，其实质是注重财务管理的事先控制，强调将公司与其所处的经济环境密切联系，以资产管理决策为中心，将财务管理理论向前推进了一大步。

3. 投资财务管理时期（1965—1979 年）

自第二次世界大战结束以来，科学技术迅速发展，产品更新换代速度加快，国际市场迅速扩大，跨国公司日渐增多，金融市场日益繁荣，市场环境日趋复杂，投资风险逐渐增加，企业必须更加注重投资效益，规避投资风险，这对已有的财务管理提出了更高要求。20 世纪 60 年代中期以后，财务管理的重点转移到投资问题上，因此称为“投资财务管理时期”。

早在 1952 年，马克维兹（H. Markowitz）就提出了投资组合理论的基本概念。1964 年和 1965 年，美国著名财务管理专家夏普（William F. Sharpe）和林特纳（J. Lintner）在马克维兹的基础上做了深入研究，提出了“资本资产定价模型（Capital Asset Pricing Model，CAPM）”。这一理论的出现标志着财务管理理论的又一次飞跃。

投资组合理论和资本资产定价模型揭示了资产的风险与其预期报酬率之间的关系，受到投资界的欢迎。它不仅将证券定价建立在风险与报酬的相互作用基础上，而且大大改变了公司的资产选择策略和投资策略，被广泛应用于公司的资本预算决策。其结果，导致财务学中原来比较独立的两个领域——投资学和公司财务管理的相互融合，使公司财务管理理论跨入了投资财务管理的新时期。

20 世纪 70 年代后，金融工具的推陈出新使公司与金融市场的联系日益加强。认股权证、金融期货等广泛应用于公司融资与对外投资活动中，推动财务管理理论日益发展和完善。20 世纪 70 年代中期，布莱克（F. Black）等人创立了期权定价模型（Option Pricing Model，OPM），罗斯提出了套利定价理论（Arbitrage Pricing Theory）。在此时期，现代管理方法使投资管理理论日益成熟，主要表现在：一是建立了合理的投资决策程序，二是形成了完善的投资决策指标体系，三是建立了科学的风险投资决策方法。

一般认为，20 世纪 70 年代是西方财务管理理论走向成熟的时期。由于吸收自然科学和社会科学的丰富成果，财务管理进一步发展成为集财务预测、财务决策、财务计划、财务控制和财务分析于一身，以筹资管理、投资管理、营运资金管理和利润分配管理为主要内容的管理活动，并在企业管理中居于核心地位。1972 年，法玛（Fama）和米勒（Miller）出版了《财务管理》一书，这部集西方财务管理理论之大成的著作，标志着西方财务管理理论已经发展成熟。

4. 财务管理深化发展的新时期（1980 年以后）

20 世纪 80 年代后，企业财务管理进入深化发展的新阶段，并朝着国际化、精确化、电算化、网络化方向发展。

首先，通货膨胀财务管理一度成为热点问题。20 世纪 70 年代和 80 年代初期，西方世界普遍遭遇了旷日持久的通货膨胀。价格不断上涨，严重影响到公司的财务活动。大规模的持续通货膨胀导致资金占用迅速上升，筹资成本随利率上涨，有价证券贬值，企业融资更加困难，公司利润虚增，资金流失严重。严重的通货膨胀给财务管理带来了一系列前所未有的问题。20 世纪 70 年代末和 80 年代早期，西方各国开展了关于通货膨胀条件下怎样进行有效财务管理的研究工作。严酷的经济现实迫使企业财务政策日趋保守。财务管理的任务主要是对付通货膨胀。21 世纪一旦发生严重的通货膨胀，通货膨胀财务管理仍将大行其道。

其次，国际财务管理成为现代财务学的分支。伴随现代通信技术和交通工具的迅速发展，世界各国经济交往日益密切，公司不断朝着国际化和集团化的方向发展，国际贸易和跨国经营空前活跃，在新的经济形势下，财务管理理论的注意力转向国际财务管理领域。自 20 世纪 80 年代中后期以来，进出口贸易融资、外汇风险管理、国际转移价格问题、国际投资分析、跨国公司财务业绩评估等，成为财务管理研究的热点，并由此产生了一门新的财务学分支——国际财务管理。随着 21 世纪经济全球化时代的到来，国际财务管理将更加得到重视和发展。

再次，财务风险问题与财务预测、决策数量化受到高度重视。20 世纪 80 年代中后期，拉美、非洲和东南亚发展中国家陷入沉重的债务危机，苏联和东欧国家政局动荡、经济衰退，美国经历了贸易逆差和财政赤字，贸易保护主义一度盛行。这一系列事件导致国际金融市场动荡不安，使企业面临的投融资环境具有高度不确定性。因此，企业在其财务决策中日益重视财务风险的评估和规避，其结果是，效用理论、线性规划、对策论、概率分布、模拟技术等数量方法在财务管理工作中的应用与日俱增。

最后，网络财务管理是 21 世纪企业财务管理的发展方向。20 世纪 60 年代以来，随着数学方法、应用统计、优化理论与电子计算机等先进方法和手段在财务管理中的应用，公司财务管理理论发生了一场“革命”，财务分析向精确方向飞速发展。20 世纪 80 年代诞生了财务管理信息系统。20 世纪 90 年代中期以来，计算机技术、电子通信技术和网络技术发展迅猛。随着 21 世纪网络时代的到来，财务管理的一场伟大革命——网络财务管理，已经悄然到来。

（二）财务管理的主要内容

从上述财务管理的演进过程中可以看出，财务管理的内容不断发展、丰富，并形成了以下主要内容。

1. 筹资决策

筹资是指企业取得所需资金的行为，筹资决策是企业财务管理活动中一项基本而重要的内容。在市场经济条件下，企业筹集和使用资金需要付出相应的代价，即要承担资金成本。资金成本的高低，是企业选择筹资方式及确定资本结构时必须考虑的问题。筹资决策的内容主要包括筹资方式的选择、资金成本的确定、资本结构的确定及杠杆效应的分析。

2. 投资决策

企业通过资金的投放来获得收益，企业的投资决策是影响企业财务成果的关键。企业的投资可以按照不同标准来划分，如按照投资时期的长短划分为短期投资与长期投资，按照投资对象划分为直接投资与间接投资。投资决策的内容主要是对投资方案风险、收益评价及最优投资方案的选择。

3. 营运资金管理

营运资金是指企业在流动资产方面所进行的投资。一般营运资金管理既包括流动资产管理，又包括流动负债管理，其内容包括以下几个方面。

（1）营运资金政策的选择。营运资金政策包括营运资金持有政策和营运资金筹集政策，它们分别研究如何确定营运资金持有量和如何筹集营运资金两个方面的问题。

（2）短期融资决策。短期融资决策包括短期借款、商业信用等短期融资项目的管理决策。

（3）流动资金的日常管理。它包括现金、有价证券、应收账款、存货等流动资金项目的管理。

4. 股利政策

股利分配是企业重要的财务活动之一，股利政策是企业进行股利分配所采取的策略，股利政策的合理与否对企业的价值、股票价格、筹资及再投资都有重要的影响，其核心在于如何选择股利与留存收益之间的比例关系。

5. 企业重组

企业重组是出资者或授权经营者以企业战略目标为导向、以长期资产和资源为对象、以控制权的转移为核心进行的资源重新组合和优化配置行为。重组按内容划分可以分为产权重组、产业重组、组织结构重组、管理重组和债务重组五类，按方式划分可以分为资本扩张、资本收缩、资本重整和表外资本经营四类。企业重组的内容主要包括兼并与收购、剥离与分立、财务重整和清算。

6. 财务分析

财务分析是以财务报表和其他资料为依据和起点，采用专门方法，对企业的经营成果、财务状况及其变动进行系统分析和评价，反映企业在运营过程中的利弊得失、发展趋势，从而为改进企业财务管理工作和优化经济决策提供重要的财务信息。财务分析是已完成的财务活动的总结，也是财务预测的前提，在财务管理的循环中起着承上启下的作用。因此，财务分析在企业的财务管理过程中具有重要的作用。

7. 国际财务管理

国际财务管理是现代财务管理的一个新领域，产生的重要动力是产品市场的国际化和金融市场的国际化。国际财务管理的内容，到目前为止国内外理论界还没有形成完全统一的认识。本书根据前述国际财务管理所涉及的特殊领域，把国际财务管理的内容归纳为以下几个方面：外汇风险管理、国际筹资管理、国际投资管理、跨国转移定价。

第二节　财务管理目标

现代意义上的财务管理，其主要目的在于为企业筹划财务管理策略，以追求不同表现形式的最大效益与效率，而企业财务管理的目标则最终取决于企业的目标定位，企业的所有业务活动都为企业实现目标服务，财务管理活动目标要考虑企业目标。

一、企业目标

企业目标基本可以分为企业的生存目标、发展目标和获利目标。一个企业能不能发展，能不能获利，前提是企业先能够生存下来，生存目标是企业的收入和支出基本平衡，保证企业维持简单再生产的需要；在生存的基础上，考虑企业的发展，满足企业扩大再生产的需要，实现企业规模的扩大；企业的最终目标是实现获利，以保证企业持续地生存、发展下去，在此基础上再实现其他目标。一直以来，对企业目标的定义存在一定的争议，主要的观点有利润最大化、股东财富最大化、经济效益最大化、企业价值最大化、承担社会责任等。由于企业的性质不同，企业资金的来源不同，不同的企业目标是不一样的，要根据企业的性质研究企业的目标。例如，个人独资企业是以获取收益为目标，而对国有企业来说，在获取收益的同时还要承担社会责任。

企业目标是一个多元化的复合体，它必须反映投资者、债权人、经营者以及有关利益相关的集团和个人的意愿，才能使企业在处理内外环境产生的各种内外变量中达到协调和均衡；同时，企业作为各种契约的集合，所有者和经营者、经营者和管理者、债权人和企业之间普遍存在着委托代理关系。由于信息的不对称和利益效用函数的差异，使得委托者需要对代理者进行监督和激励，但考虑到代理成本递增的特点，在委托者对经营者进行监督和激励的同时，必须协调各方的利益效用函数的差异。所以必须有一种共同的目标，即企业目标，把各利害关系方联系在一起，就是企业价值最大化目标。

企业价值最大化目标是指通过企业的合理经营，采取最优的经营策略和财务政策，充分考虑货币时间价值和风险与报酬的关系，在保证企业采取稳定发展的基础上使企业总价值达到最大化。理论上讲，各个利益集团的目标都可以折中为企业长期稳定的发展和企业价值的不断增长，各个利益集团都可以通过此目标实现其最终目的。

二、财务管理的目标

企业财务管理的目标是企业财务管理活动要达到的最终目的，主要在于为企业筹划财务管理策略，以追求不同表现形式的最大效益与效率。由于最大效益与效率是过于笼统的目标，所以需要对企业财务管理目标进一步层次化、具体化。

（一）财务管理的一般目标

按照现行企业财务管理理论和实践，具有代表性的财务管理总体目标有以下几种。

1. 利润最大化

企业利润最大化是西方古典经济理论的基础，以利润最大化作为企业财务管理的目标，其理论基础就是古典经济理论。按照这一观点，企业的利润代表了企业的整体经营成果，反映了企业经营的效益与效率，企业的利润越大越好，企业的财务管理活动应当以使企业利润达到最大化为出发点。利润最大化作为企业财务管理的目标，优点是直观、明确、容易计算、便于分解落实。正是由于上述优点的存在，利润最大化观点在实践中得到普遍的关注。但是，以利润最大化作为企业财务管理的目标，其缺点也是显而易见的，主要体现在以下几个方面。

（1）没有考虑投入与产出之间的关系。利润是一个绝对量指标，利润最大化作为企业财务管理的目标，并没有考虑投入与产出之间的关系。如，A、B 两家企业某一期间的利润都是 1000 万元，而 A 企业投入资本是 6000 万元，B 企业投入资本则是 8000 万元。再如，甲、乙两家企业，某一期间的利润分别是 200 万元与 300 万元，但投入的资本分别是 2000 万元和 4000 万元。显然，单纯以利润最大化作为企业财务管理的目标，不利于企业提高效率，反而容易盲目追求规模。

（2）没有考虑时间因素的影响。利润最大化作为企业财务管理的目标，并没有考虑时间因素的影响。如，企业有 A、B 两个投资项目，投资额均为 1000 万元，项目寿命期间盈利总额均为 500 万元，但项目 A 与项目 B 实现利润的期间与金额不同，项目 A、B 哪一个是达到财务管理目标的更好选择？以利润最大化作为企业财务管理的目标，并不能解决类似的问题。

（3）没有考虑风险因素的影响。企业处在复杂多变的内外环境中，诸多因素影响着企业的经营运转，企业的财务管理活动面临着各种不确定性，但以利润最大化作为企业财务管理的目标，并没有考虑风险因素的影响。如，企业有 A、B 两个投资项目，投资额均为 1000 万元，项目寿命期间盈利总额均为 500 万元，且项目 A 和项目 B 实现利润的期间与金额相同，但项目 A 和项目 B 面临的不确定性因素及不确定性程度是不同的，哪一个是更好的选择？以利润最大化作为企业财务管理的目标，也不能解决该类问题。另外，由于风险与收益的同方向变化，以利润最大化作为企业财务管理的目标，容易造成企业过分追求收益，而忽视潜在的风险，其后果是非常可怕的。

2. 每股盈余或资本利润率最大化

每股盈余或资本利润率最大化作为企业财务管理目标观点的提出，主要是为了避免以利润最大化作为财务管理目标而没有考虑投入与产出间关系的缺陷。以每股盈余或资本利润率最大化作为企业财务管理的目标，可以对不同规模的企业、企业的不同期间、企业不同投资规模的项目等进行比较分析，以做出相应的决策。

每股盈余或资本利润率最大化作为企业财务管理的目标，其优点除了包括直观、明确、容易理解外，还考虑了投入与产出之间的关系。但是，每股盈余或资本利润率最大化作为企业财务管理的目标，仍然没有考虑时间因素的影响，没有考虑风险因素的影响。

3. 股东财富最大化

以上市公司为例，股东的财富由其持有的股份数量和每股股价来决定，当股东持有的股份数量一定时，股票价格成为决定股东财富的关键因素，因此股东财富最大化目标有时被描述为股票价格最大化。

以股东财富最大化或股票价格最大化作为财务管理的目标，考虑了多方面因素的影响，包括企业的盈利能力、时间因素、风险因素等，同时避免了以利润最大化为基础的各项目标造成的企业短期行为。但是，以股东财富最大化或股票价格最大化作为财务管理的目标，也存在其固有的缺陷，如下所述。

（1）只强调股东的利益。以股东财富最大化或股票价格最大化作为财务管理的目标，只强调股东的利益，而对企业的其他利益相关团体的利益不够重视。

从全球范围来看，由于社会文化传统、法律体系等多方面的差异，存在着两种具有代表性的公司理论：一是股东优先理论，二是利益相关者理论。按照“股东优先”理论，股东是公司的真正所有者，公司应当以追求股东价值最大化为经营目标，因为公司在追求股东价值最大化这一目标时，也能实现其他利益相关者的利益，从而也能实现整个社会效率的最大化。该理论盛行于英美国家。按照“利益相关者”理论，公司存在不同方面的利益相关者，公司的目标应当是满足利益相关者的不同需要。该理论盛行于日本、德国。对这两种理论，更多的观点是支持利益相关者理论，认为只强调股东利益是不合理的，因为企业毕竟是一个集各方利益相关者于一体的契约结合体。

（2）存在不可控因素的影响。以股东财富最大化或股票价格最大化作为财务管理的目标，要考虑市场上股票价格的影响。股票价格包含了广泛的信息因素的影响，其中包括对企业净收益及企业未来发展趋势的预期等。但股票价格受到许多经济事件的影响，如宏观的经济形势变化、利率的变化、汇率的波动等，这些因素是企业的经营者不能控制的，与经营者的努力程度毫无关系；另外，由于市场中存在着“噪声交易者”，使得股票价格不能有效反映有关信息的影响。因此，以股东财富最大化或股票价格最大化作为财务管理的目标，存在不可控因素的影响。

4. 企业价值最大化

企业价值最大化目标是指通过企业的合理经营，采取最优的经营策略，充分考虑货币时间价值和风险与报酬的关系，在保证企业长期稳定发展的基础上使企业总价值达到最大化。

由于企业价值的决定因素很多，因此以企业价值最大化作为企业财务管理的目标，其优点是综合考虑了各方面的因素，包括企业的未来获利能力、货币的时间价值、风险因素等。另外，在这一观点下，还充分考虑了利益相关者的要求和影响，从而使各方利益相协调，并最终实现各方契约者的利益目标。但是，企业价值的确定是一个复杂的问题，非公开上市的企业需要进行专门的评估，而评估标准和方法都会影响评估结果；上市公司虽然可以通过股票价格来确定，但股票价格又受到多种因素的影响，其中包括不可控的因素。因此，企业价值最大化成为一个过于抽象的目标。

（二）财务管理的具体目标

在企业的实际运转过程中，按照财务管理的具体内容，企业财务管理的总体目标被进一步具体化，如企业筹资管理目标、企业投资管理目标、企业营运资金管理目标等。另外，财务管理的目标也具有层次性的特点，在总体目标下又表现为不同经营环节的目标，如收入中心的收入最大化目标、成本中心的成本最小化目标、人为利润中心的虚拟利润最大化目标等。

第三节　财务管理环境

企业在一定的环境条件下运行，很多环境因素时刻影响着企业的各项活动，其中包括财务管理活动。企业的财务管理环境是指对企业财务活动产生影响的各种企业外部条件，主要涉及经济环境、法律环境和金融市场环境。

一、经济环境

财务管理的经济环境是指企业进行财务活动所处的宏观和微观经济条件，包括以下六个方面。

（一）宏观经济运行状况

国家乃至国际的宏观经济运行状况对企业的财务活动有着重要的影响。宏观经济增长速度较快，经济繁荣，都会带来企业的快速发展，从而需要更多的资金投入企业的发展、运转，一般企业需要筹集资金。相反，宏观经济增长缓慢，经济衰退，都会给企业带来直接的影响，如影响其销售、生产等，从而影响到企业的财务活动。

（二）政府的经济政策

政府的经济政策，如国民经济发展规划、国家的产业政策、国家的货币政策、国家的财政政策、行政法规的变化等，都对企业的财务活动有很大的影响，如企业所处的行业是国家重点发展扶持的行业、有利的货币政策或有利的税收政策等，都会给企业的资金筹措、资金投放等财务活动带来有利的影响；相反，则会给企业财务活动的进行造成障碍。

（三）物价波动水平

物价水平的变化，直接影响到企业的销售、材料、人工等各项成本，也直接影响到企业投资的回报水平及企业对资金的需求。如企业产品售价上升，则企业收入增加，相应资金也比较充裕，投资回报上升；相反，如果企业生产产品所需原料价格上升，则企业成本增加，投资回报下降，对资金的需要也增加。

（四）利率波动水平

利率水平的变化，直接表现为企业取得和使用资金的成本水平的升降，也直接表现为企业既定投资回报水平的高低。如企业发行长期债券时利率水平下降，则企业的资金成本下降；相反，则资金成本上升。再如，企业取得固定利率的长期债券投资后利率水平下降，则企业获得了由此带来的好处；相反，如果利率水平上升，则由此给企业带来潜在的损失。

（五）竞争程度

在市场经济条件下，竞争普遍存在，任何企业都会面对不同程度的产品、技术、人才、资源等多方面的竞争。竞争程度的加剧，会促使企业不断地改进技术、提高产品质量、进行多元化经营或扩大规模以减少经营的风险，扩大对市场的影响。所有这一切，企业都需要筹集和分配资金，并影响到由此产生的所有财务活动。

（六）销售与供应市场

销售与供应市场对企业的财务活动也有重大的影响，如企业所经营的产品销售市场发展迅速，需求不断增加，则企业会实现更多的收入，资金充裕，运转有效；相反，如果企业所经营的产品销售市场不断萎缩，需求逐渐减少，则企业实现的收入将会越来越少，资金周转也会出现困难。再如，企业所需要的原料等供应充足，价格稳定，则企业的生产、销售活动会正常进行；相反，如果供应紧张或价格波动，就会给企业的生产经营造成不利影响，并最终体现在资金运转上。

二、法律环境

企业财务管理的法律环境是指影响企业财务活动的各种法律因素，包括各种相关的法律、法规和制度规定。影响企业财务活动的法规主要涉及企业组织法规、税务法规、财务法规及其他相关法规。

（一）企业组织法规

作为以营利为目的的一种组织，企业的组建及运行必须遵循有关企业组织法规的要求。由于企业存在多种形式，不同形式的企业应当遵循不同的组织规范。以我国企业为例，如公司制企业应当遵循《中华人民共和国公司法》，合伙企业应当遵循《中华人民共和国合伙企业法》等。

企业组织法规对企业的设立条件、设立程序、组织机构、变更和终止的条件程序作了规定，对企业的资本限额、资本的取得方式、利润的分配等也作了规定。因此，企业的组织法规在众多方面影响着企业的财务活动。

（二）税务法规

任何企业都应当按照有关税法的要求足额、及时纳税，企业缴纳税金会影响企业现金的流出量，更多的税种会影响企业的净收益。因此，企业纳税会影响企业的财务活动。

影响企业的税种主要包括企业的所得税、各种流转税及其他税种，相应的税务法规也主要由所得税法规、各种流转税法规及其他地方税法规构成。

（三）财务法规

直接影响着企业财务活动的法规还包括各种财务法规，如我国的《企业财务通则》、各级政府发布的企业财务管理工作条例、针对特定问题提出的处理规范意见等。

（四）其他相关法规

企业作为社会经济活动体系的构成单元，在许多方面受到有关法规的约束，从而影响企业的财务活动。在我国，除了上述几个方面的法规外，还涉及《中华人民共和国证券法》《股票发行与交易管理暂行条例》《企业债券管理条例》《中华人民共和国票据法》等。

三、金融市场环境

作为市场经济体系的重要组成部分，无论是对政府进行宏观调控，还是对企业财务活动的正常进行，金融市场都发挥着重要的作用，其功能主要体现在融通资金、优化资源配置、分散和转移投资风险、传递信号等方面。

企业的许多财务活动需要通过金融市场来进行。金融市场是指资金供给者和资金需求者双方通过信用工具进行交易而融通资金的市场。与其他交易市场相比较，金融市场的特点表现为：金融市场的交易对象是货币资金；金融市场的交易主体是指各种进行金融交易的市场参与者，包括筹资者、投资者、中介机构和监管机构；金融市场的交易工具是指各种金融工具，包括股票、债券、期权合约、商业票据等；金融市场的组织方式是指各种交易形式，包括交易所方式、柜台交易方式、中介方式等。

（一）金融市场的分类

金融市场可以按照不同的标准进行分类，一般有以下三种。

1. 按照交易对象进行分类

按照交易对象的不同，金融市场可以划分为资金市场、外汇市场和黄金市场。资金市场是指进行资金借贷的市场，包括交易期限在 1 年以内的货币市场和交易期限在 1 年以上的资本市场。外汇市场主要满足交易者对外汇的需求，由外汇供需双方和外汇交易的中介机构组成。目前，世界上主要的外汇市场有伦敦、纽约、东京、苏黎世、新加坡、中国香港、法兰克福等著名的国际金融中心。黄金市场是专门进行黄金买卖的金融市场，主要有现货交易和期货交易两种。目前，世界上主要的黄金市场有伦敦、纽约、苏黎世、中国香港和芝加哥。

2. 按照融资期限进行分类

按照融资期限的长短，金融市场可以划分为货币市场和资本市场。

（1）货币市场。货币市场是指交易期限在 1 年以内的短期金融市场，主要包括短期存贷市场、银行同业拆借市场、商业票据市场、可转让定期存单市场、贴现市场、短期债券市场等。

（2）资本市场。资本市场是指交易期限在 1 年以上的长期金融市场，主要包括长期存贷市场、长期债券市场、股票市场等。

3. 按照证券发行或交易的程序进行分类

按照证券发行或交易的程序进行分类，金融市场可以划分为一级市场和二级市场。一级市场，也称为发行市场，是指发行证券的市场，包括股票发行市场和债券发行市场；二级市场，也称为交易市场，是指进行证券买卖和转让的交易市场。

（二）金融机构

在金融市场上融通资金有直接融资和间接融资两种方式。直接融资是指资金供需双方直接进行金融交易活动，不需要通过金融机构，如公司在证券市场上通过发行股票筹集资金。间接融资是指资金供需双方需要通过中介机构作为媒介进行金融交易活动，如银行的存贷款。间接融资需要通过的中介机构，我们将其称为金融机构，金融机构一般可以划分为银行金融机构和非银行金融机构。

1. 银行金融机构

银行金融机构在金融市场上起着非常重要的作用，按照职能的不同，银行一般划分为中央银行、商业银行和专业银行三类。

（1）中央银行。中央银行是代表政府管理金融活动的机构，一般不参与具体的金融交易活动，主要职能是制定和执行国家的金融政策、发行货币、对其他银行和非银行金融机构进行监督管理等。

中国人民银行是我国的中央银行，其主要职责包括：制定和实施货币政策，保持货币币值稳定；依法对金融机构进行监督管理，维持金融业的合法、稳健运行；维护支付和清算系统的正常运行；持有、管理、经营国家外汇储备和黄金储备；代理国库和其他与政府有关的金融业务；代表政府从事有关的国际金融活动。

（2）商业银行。商业银行是以经营存款、贷款，办理转账结算为主要业务，以营利为主要经营目标的金融企业。商业银行是金融市场上的主要参与者，社会上许多闲置资金要存入商业银行，许多企业的借款来自商业银行，这一点在证券市场不发达的国家和地区表现得更为明显。商业银行通常是综合性的银行，经营的金融业务和提供的金融服务种类相对比较全面。

我国的商业银行主要包括国有独资银行和股份制银行。国有独资银行由国家专业银行演变而来，主要包括中国工商银行、中国银行、中国农业银行、中国建设银行。股份制银行于 1987 年以后逐渐发展起来，包括交通银行、深圳发展银行、华夏银行等。

（3）专业银行。专业银行是指经营指定范围的金融业务和提供专门金融服务的银行。许多专业银行通常不以营利为目的，如世界银行、亚洲开发银行等。我国不以营利为目的的专业银行主要是指各种政策性银行。政策性银行，是指由政府建立，以贯彻国家产业政策、区域发展政策为目的，不以营利为目的的金融机构，主要包括国家开发银行、中国进出口银行和中国农业发展银行。与商业银行相比较，政策性银行的特点主要包括：不面向公众吸收存款，而以财政拨款和发行政策性金融债券为主要资金来源；资本主要由政府拨付；不以营利为目的，而是考虑国家的整体利益和社会效益。

2. 非银行金融机构

非银行金融机构主要包括保险公司、证券机构、投资基金、信托投资公司、金融租赁公司等。

（1）保险公司。保险公司是将投保者的资金集中起来，当被保险者发生保险条例所列事项时进行赔偿的金融机构。保险公司从投保者处集中的大量资金，可以用于各种投资活动。由于保险公司本身的经营特点，保险公司一般投资于政府债券、投资基金等。目前，我国的保险公司资金运用被严格限制在银行存款、政府债券和金融债券范围内，不能为企业提供资金。

（2）证券机构。证券机构是指从事证券业务的机构，主要包括证券公司、证券交易所和登记结算公司。证券公司，其主要业务是推销政府债券、企业债券和股票，代理买卖和自营买卖已经上市流通的各类有价证券，参与企业收购、兼并，充当企业财务顾问等。证券交易所，其主要业务是提供证券交易的场所和设施，制定证券交易的业务规则，接受上市申请并安排上市，组织、监督证券交易，对会员和上市公司进行监督等。登记结算公司，其主要业务是证券交易所有权转移时的过户和资金结算。

（3）投资基金。投资基金，也称为共同基金，是一种进行集合投资的金融机构，通常由基金发起人发行基金证券汇集一定数量的资金，委托由投资专家组成的专门投资机构进行各种分散的投资组合，投资者按照出资比例分享投资收益，并共同承担投资风险。

（4）信托投资公司。信托投资公司，主要是以受托人的身份代人理财，其主要业务包括经营资金和财产委托、代理财产保管、金融租赁、经济咨询、进行投资等。另外，我国还存在类似投资银行的财务公司。我国的财务公司是由企业集团内部各成员单位入股，向社会募集中长期资金，为企业技术进步服务的金融股份有限公司。财务公司的业务主要限定在本集团内，不得从企业集团之外吸收存款，也不得对非集团单位和个人贷款。

（5）金融租赁公司。金融租赁公司，是指办理融资租赁业务的公司组织，主要业务包括动产和不动产的租赁、转租赁、回租租赁等。

（三）利率

在金融市场上，资金作为一种特殊的商品进行交易，利率是资金的交易价格。

1. 利率的分类

（1）官方利率和市场利率。官方利率是政府通过中央银行确定公布，并且各银行都必须执行的利率，主要包括中央银行基准利率、金融机构对客户的存贷款利率等。市场利率是金融市场上资金供需双方交易形成的利率，随着资金供需状况的变化而变化，包括同业拆借利率、国债二级市场利率等。

官方利率和市场利率相互影响，市场利率受官方利率的影响，官方利率的确定也必须考虑金融市场上资金的供需状况。

（2）基准利率和套算利率。基准利率，也称为基本利率，是指在多种利率并存的条件下起决定作用的利率。基准利率在利率变动中起决定作用，其他利率要随着基准利率的变动而变动。西方国家中央银行的再贴现率、我国中国人民银行对商业银行贷款的利率都属于基准利率。套算利率，是指在基准利率的基础上，各个金融机构根据借贷款项的具体特点换算出的利率。一般来说，风险较大的贷款项目，套算利率确定的要高一些；风险较小的贷款项目，套算利率确定的要低一些。

（3）实际利率和名义利率。实际利率，是指物价不变，从而购买力不变条件下的利率，或者是在物价变动时，扣除通货膨胀补偿后的利率。名义利率，是指包括对通货膨胀风险补偿后的利率。市场上的各种利率都是名义利率，实际利率一般是根据已知的名义利率和通货膨胀率推算出来的。名义利率和实际利率之间的关系可以表示为：

$$名义利率 = 实际利率 + 通货膨胀补偿率$$

（4）固定利率和浮动利率。按照在借贷期内是否调整，利率可以划分为固定利率和浮动利率。固定利率，是指在借贷期内不作调整的利率。在通货膨胀的情况下，采用固定利率，对债权人，尤其是对长期贷款的债权人将带来损失，但对于资金使用者来讲则会带来好处。浮动利率，是指在借贷期内可以按照借贷双方的协议进行调整的利率。浮动利率可以减少由于利率水平波动而带来的对借贷双方的影响，但手续比较繁杂，一般用于3年以上的借贷及国际金融市场。

2. 影响利率的因素

在金融市场上，影响利率的因素较多，主要包括资金的供需状况、国家货币政策和财政政策、社会经济运行状况、通货膨胀。

（1）资金的供需状况。利率是金融市场中资金的交易价格，因此会随着特殊商品——资金的供需变化而变化。利率随着资金供应量的增加而降低，并随着资金需求量的增加而上升，利率是供需的平衡点。

（2）国家货币政策和财政政策。国家的宏观经济政策，尤其是国家货币政策和财政政策对金融市场上的利率有较大的影响。如政府为了防止经济过热，通过中央银行减少货币供应，则资金供应减少，利率上升；相反，政府为了刺激经济发展，增加货币发行量，则资金供应增加，利率下降。

（3）社会经济运行状况。社会经济运行状况会对金融市场上的利率产生影响，在经济快速发展时期，资金的需求增加，利率水平会上升；相反，在经济衰退时期，资金需求减少，利率水平会下降。

（4）通货膨胀。通货膨胀对金融市场上的利率影响比较明显，通货膨胀会引起利率水平的上升。

3. 利率的构成

一般来说，金融市场上的利率由纯粹利率、通货膨胀附加率、变现力附加率、违约风险附加率及到期风险附加率构成，其中，变现力附加率、违约风险附加率及到期风险附加率属于风险报酬率。利率构成可用公式表示为：

利率 = 纯粹利率 + 通货膨胀附加率 + 变现力附加率
+ 违约风险附加率 + 到期风险附加率

（1）纯粹利率。纯粹利率，是指无通货膨胀、无风险情况下的平均利率。纯粹利率的高低受社会平均利润率、资金供需关系和相关国家政策的影响。纯粹利率的确定很困难，一般以无通货膨胀条件下无风险证券的利率来代表纯粹利率，如无通货膨胀条件下国库券的利率。

（2）通货膨胀附加率。由于通货膨胀使货币贬值，投资者的真实报酬下降，因此资金供给者在提供资金时，会要求提高利率以补偿其损失，这就是通货膨胀补偿率，或称为通货膨胀附加率。无风险证券的利率一般可以看作由纯粹利率和通货膨胀附加率构成。

（3）变现力附加率。各种证券的变现能力不同，有的证券容易转让变现，而有的证券不容易转让变现，投资者由此承受着不同的证券变现能力风险。因此，投资者要求提高利率，以补偿证券变现能力方面的风险，这就是变现力附加率。证券的变现能力越差，投资者要求的变现力附加率就越高；相反，则越低。

（4）违约风险附加率。违约风险，是指由于借款人未能按时支付利息或偿还本金而给投资者带来的风险。投资人要求提高利率来补偿这种风险，这就是违约风险附加率。违约风险越大，投资者要求的违约风险附加率越高；相反，则越低。一般通过证券评级来确定违约风险的大小，信用等级越低，违约风险越大，要求的违约风险附加率越高。

（5）到期风险附加率。到期风险，是指由于债务的期限较长而使投资者承担的不确定性因素所带来的风险。投资人要求提高利率来补偿这种风险，这就是到期风险附加率。由于受到期风险的影响，长期利率一般会高于短期利率。但是，有时长期利率会低于短期利率，是因为短期投资存在着再投资风险，即投资的债券到期时，由于利率下降而找不到获利较高的投资机会的风险。

（四）资本市场效率

资本市场效率，是指资本市场有效配置资金的能力或资本市场调节和分配资金的效率，通常是指资本市场能否有效地利用各种信息来组织交易、确定金融资产价格。

1. 有效市场假说（Efficient-Market Hypothesis，EMH）

有效资本市场是指资产的现有市场价格能够充分反映所有有关可用信息的资本市场。有效市场假说有以下两方面的含义。

第一，因为价格及时地反映所有新的消息，投资者只能期望获得正常的收益率。等到信息披露后才认识信息的价值对投资者没有任何好处。实际上，在投资者有时间进行证券交易之前，价格就已经调整了。

第二，公司应当期望从它发行的证券中获得公允的价值，即公司发行证券所收到的价值正好等于净现值。

2. 有效市场种类

1965 年美国芝加哥大学著名的财务学教授法玛在《商业学刊》上发表题为《股票市场价格的行为》一文，指出了有关证券市场效率的两个关键问题：一是关于信息和证券价格之间的关系，即信息的变化如何引起价格的变化；二是与证券价格相关的信息的种类，即不同的信息对证券价格的影响程度不同。同时，定义了不同程度的市场效率，即弱式效率、半强式效率和强式效率。

一般将影响证券价格的信息划分为历史价格信息、公开可用信息、所有相关信息，且三类信息存在如图 1 -1 所示的关系。

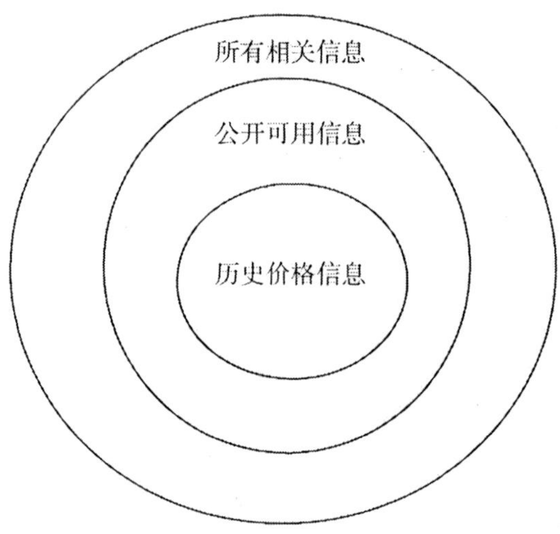

图 1 -1　三类信息之间的关系

弱式效率、半强式效率和强式效率的定义如下。

弱式效率（Weak Form Efficiency）。如果某一资本市场上证券的价格充分地包含和反映其历史价格的信息，则该资本市场就具有了弱式效率。

半强式效率（Semistrong Form Efficiency）。如果某一资本市场上证券的价格充分地反映了所有公开可用的信息，包括历史价格的信息、公开财务报告信息等，则该资本市场就具有了半强式效率。

强式效率（Strong Form Efficiency）。如果某一资本市场上证券的价格充分地反映了所有的信息，包括公开的信息和内幕信息，则该资本市场就具有了强式效率。

第四节　财务管理原则

一、财务管理原则的含义

财务管理原则，也称理财原则，是指人们对财务活动的共同认识。财务管理原则是企业财务管理工作必须遵循的准则，它是从企业理财实践中抽象出来的并在实践中证明是正确的行为规范，它反映着理财活动的内在要求。企业财务管理原则具有以下特征。

第一，财务管理原则必须符合大量观察和事实，为多数人所接受。财务理论有不同的流派和争论，甚至存在完全相反的理论，而财务管理原则却不同，它们被现实反复证明并被多数人接受，具有共同认识的特征。

第二，财务管理原则是财务交易和财务决策的基础。财务管理实务是应用性的，“应用”是指理财原则的应用。各种财务管理程序和方法，是根据理财原则建立的。

第三，财务管理原则为解决新的问题提供指引。已经开发出来的、被广泛应用的程序和方法，只能解决常规问题，当问题不符合任何既定程序和方法时，财务管理原则为解决新问题提供预先的感性认识，指导人们寻找解决问题的方法。

第四，财务管理原则并非在任何情况下都绝对正确，这与应用环境有关。财务管理原则在一般情况下是正确的，而在特殊情况下不一定正确。

二、财务管理原则的分类

（一）系统原则

财务管理的落实，要遵循系统原则，就是要立足企业发展现实需求来开展综合分析，注重系统优化，围绕财务管理目标出发开展财务管理，确保财务管理系统的整体性，通过系统价值的发挥来为财务管理而服务。

（二）弹性原则

在现代经济形势下，市场运行环境复杂，这就令财务管理也面临着复杂的形势。企业若想要逐步提升市场竞争能力，就必须要遵循弹性原则开展财务管理，从而更好地应对市场变化，推进财务管理工作的高效开展。

（三）货币时间价值原则

一般情况下，商品通过货币形式来展现价值。在现代市场经济条件下，商品的支配主要依靠货币来实现，而从货币价值与商品支配的关系来看，现在货币价值与未来货币价值相比要明显处于较高水平。对于企业来说，若想要持续创造价值并获得收益，就必须要落实财务管理，遵循货币时间价值原则，合理配置货币资金，在不同时间点下，为保证货币换算的准确性，必须要确保所换算的时间点是相对应的，从而确保财务管理工作能够得到规范开展。

（四）资金合理配置原则

资金是财务活动中的核心和关键，无论是资金筹集、利用还是分配，都必须要遵循合理配置原则，这也是财务管理的基本原则，关系着企业的经营和发展。一旦资金配置的科学性不足，极易影响企业资金链的正常运转，严重情况下可能会导致企业无法购进材料与设备、无法偿还银行贷款等，这就会在一定程度上加剧企业财务风险，甚至会对企业的发展形成制约。对于企业财务管理来说，资金合理配置原则能够实现资金的最大化利用，从而为企业经营发展提供可靠的资金支持。

（五）收支平衡原则

企业经营过程中的收支一般以财务指标和数据测算作为主要方式，在确定收支平衡点之后，面对复杂的市场环境，采取可行的财务管理方式，保证财务管理系统运行的稳定性与可靠性。在这一过程中，要注重收支平衡系统与风险预警系统的构建，在制定财务管理方案的基础上，要结合指标偏离情况建立修正方案，合理调整企业财务管理方式，促进企业经营战略的优化，为企业发展战略目标的实现奠定良好的基础。

（六）成本—效益—风险权衡原则

在现代市场经济环境下，成本、效益与风险都是企业财务管理过程中必须要重视的内容，关系着企业的经济效益与运营风险。就现实情况来看，大部分企业都试图通过低成本与低风险来获得高效益，但实际上成本、效益与风险之间存在着密切的联系，只有当三者之间达到一种平衡状态时，才有助于财务管理目标的实现。也就是说，财务管理工作的开展，要明确相对固定的某种条件，围绕这一条件出发来优化配置资源，从而采取可行的财务管理策略。一般情况下，当风险一定时，通过财务管理来优化配置成本以获得较高的收益，当收益一定时，通过成本控制或者风险控制来推进企业持续经营发展。

第二章　财务管理的意义

第一节　财务管理的基本框架

随着经济社会的发展，财务管理日益成为人们关注的焦点，它对企业的经营与发展起着重要的作用。财务管理的主体在财务管理理论的基础上发展。我国的财务管理理论与国外相比起步较晚，也不是很完善，而我国的财务管理实践也亟须有科学性的理论指导，才能更好地规范企业的经营行为，推动企业的发展与进步。

一、财务管理理论结构概述

财务管理的基本理论是对以往的财务管理实践进行总结，形成系统化、科学化、合理化的财务管理理念。运用财务管理理论，可以提高企业的财务管理水平。财务管理理论结构是指财务管理所涵盖的若干大的方面，以及这些大的方面的优先次序，并按这种次序排列。

二、财务管理理论结构的构建

（一）财务管理理论的基础

财务管理的基本内容包括财务管理环境、财务管理假设、财务管理目标及其相互之间的关系与发展。财务管理环境是对企业财务活动和财务管理产生影响作用的企业外部各种条件的统称。财务管理假设是财务管理活动的一个重要环节，是指企业财务管理人员对那些未确切认识或无法正面论证的经济和财务现象所作出的一种符号逻辑、情理的估计和推断。财务管理目标是在财务管理环境和财务管理假设的基础上建立的，是指企业进行财务活动所要达到的根本目的，对涉及财务管理的业务具有导向作用。财务管理目标不仅对企业的财务管理环境、财务管理假设进行了概括，同时也为企业的经营提供了参考。当前，随着市场经济的发展，财务管理的压力越来越大，可以在市场经济条件下合理地配置和使用资金，从而达到最大的经济效益。

（二）构建财务管理的基本理论

财务管理要按照一定的原则和方法来进行。财务管理的内容、原则、方法等都是财务管理的基础理论。企业的财务管理工作，包括筹资、投资、经营和分配。财务管理原则能够对企业的财务行为进行有效的制约，从而使得财务管理理论更加科学化、系统化。将财务管理的内容与财务管理目标相结合，可以有效地促进企业的经营决策。

（三）建立财务管理通用业务理论

财务管理一般是指普通企业所从事的一项财务管理工作，是一项规模较大的工作。在一般的财务管理业务中，可以对企业的筹资、投资、经营等业务进行系统的归纳与研究，能够引导企业的财务管理走向正确的轨道，从而为企业的财务管理理论奠定坚实的基础，使企业的财务管理理论体系更加科学。财务管理理论结构的确立，实质上是为财务管理工作提供了一个较大的架构，让会计人员在此架构下发挥作用，并对企业的财务管理进行系统性的分配，保证了财务分配的“公平性”。

总之，财务管理的理论框架是进行财务管理的重要理论基础，为了保证我国财政工作的正确性和有效性，必须建立起一套科学化、系统化的财务管理理论。

第二节　财务管理的价值创造

财务管理在企业管理中占有举足轻重的地位，是实现企业价值最大化的关键。财务管理的价值创造能力越强，其在企业价值创造中的地位也就越高。

一、财务管理的价值创造

财务管理的价值创造就是通过一系列的财务管理活动来创造价值，从而达到企业的最大价值。在创造价值的过程中，财务管理起到了很多作用，既能直接产生价值，又能间接地为企业提供支持，还能使企业的现存价值免遭破坏。

（一）创造价值

企业的财务管理能够从不同的角度进行价值创造。一是通过投资、享受政府的优惠补贴政策、开展金融活动等来实现直接的资金流量或者获得利润；二是通过综合运用各种资源，集中管理资金，统一结售汇和税务筹划，以减少各项费用。

（二）增进价值

财务管理能够帮助企业实现各种价值创造，从而提高企业的价值。一是通过预算管理，实现资源的合理分配；二是通过绩效考核、薪酬激励、奖励和惩罚等实施，以促进企业的价值创造功能发挥作用。

（三）保障价值

财务管理可以通过金融手段来防止企业的价值流失。一是运用内部控制的方法，对企业的潜在风险进行预防，以达到保值的目的；二是要对企业进行财务审计，以维护企业的财务秩序，避免企业的价值受损。

二、财务管理的价值创造能力

（一）含义

价值创造能力是企业创造价值的各种主观条件的总和，是实现企业价值最大化的能力。财务管理的价值创造能力是指通过财务管理的方法为企业创造价值的能力。

（二）要素

影响企业财务管理价值的主要因素包括以下五点。

第一，人事。财务管理工作是由财务经理来完成的，而财务经理的能力愈高，则财务管理工作就愈能达到其创造价值的目的。

第二，制度。通过建立健全的制度，可以使企业的财务管理价值创造活动有法可依、有章可循，对企业的价值创造行为进行规范，从而提高企业的生产效益和质量。

第三，流程。完善、高效的流程，能够解决企业的各种资源不能被有效地利用的问题，实现企业的经营工作的有序进行，最大限度地提高企业的财务管理效益，从而促进企业的经营价值创造。

第四，方式。先进、科学的财务管理方式能够确保财务管理在实现价值创造的过程中起到一定的作用，从而使其发挥应有的作用。

第五，环境。财务管理环境是指企业的各种内外环境，对企业的财务活动有一定的影响。企业的经营活动与财务管理环境密不可分，而财务环境又对其产生了一定的影响。

三、提升财务管理价值创造能力的对策

（一）提高财务管理人员的创新价值

一是要确立创新的价值观。在财务管理方面，要把创造价值的思想渗透到每个人的心里。财务经理必须转变观念，才能真正地用思想和观念来引导经营活动，从而达

到创造价值的目的。

二是提高财务管理人员的职业素养，为企业培养高层次的复合型人才。学习并持续更新有关财务管理的相关政策及知识，提升业务能力，加深对企业业务、流程、部门架构等的理解，增强交流与合作能力，积累全面而又专业的知识，以更好地服务于企业的价值创造。

（二）构建以创造价值为核心的财务管理体制

一是要健全体制。在创造价值的过程中，要有效地实现财务管理的价值，就需要重新梳理现有的财务管理制度，从价值创造的角度对现有的制度进行评估、修改和补充，使企业的价值最大化目标得以实现。二是要健全体制机制。三是要有书面记录。有关的法律法规要书面化，以保证其具有约束力、严肃性、指导性，从而为企业的财务管理创造价值提供基础。

（三）改善财务管理程序

把财务和经营过程有机地结合起来，使财务人员充分地参与到全过程中，把管理措施与企业的各个生产、经营环节结合起来，从价值创造的角度对业务部门、经营环节做出事前的预测规划、事中的监督控制、事后的评价等，实现企业价值链上的财务协同，为企业价值创造提供全面支持。

（四）运用现代化的管理方式

借助信息技术和互联网，可以增进沟通，及时了解相关政策，及时处理财务和经营信息，实现多维度的数据统计，有效地降低或避免财务管理中的错误，从而有效地确保企业财务管理的价值创造活动的质量。

结合企业的实际情况，运用各种先进、科学的管理手段。比如，杜邦企业的财务分析法，就是从净资产回报率的角度，将影响绩效的各种因素层层分解，使企业能够及时地发现问题，从而为企业创造价值。在预算管理实践中，较为典型的是全面预算管理，它的目的是提高企业的价值，利用价值驱动要素对企业的资源进行配置，提高其利用效率，并把价值管理的导向贯穿于预算管理的执行、分析和控制的全过程，促使企业价值不断提升。

（五）营造财务管理价值创造的环境

构建企业财务管理的价值创造文化，使其在企业中的角色得到最大限度的发挥，从而为企业价值创造提供有利的外部环境。企业财务管理的价值创造文化是实现企业价值创造的桥梁，将企业内部的员工团结在一起，从而产生强大的凝聚力。这是一种发自内心的力量，比什么条条框框的制度都要管用。

在提高企业财务管理的价值创造能力的过程中，要注重提高绩效，针对没有达到或背离原来的目标要进行相应的调整，克服认识上的惯性，并在适当的时候，针对企业的实际状况，对提高财务管理价值创造能力的方式和方法进行适当的修正。只有这样，才能真正地提升企业的财务管理价值创造能力，达到提升的目的，实现提升的效果。

第三节　财务管理环境变化对现代财务管理的影响

财务管理在企业的发展和稳定运行中起着举足轻重的作用。近年来，许多企业都对财务管理环境的变迁进行了分析和研究。财务管理水平与财务管理环境的改变紧密相连，因此，财务管理部门必须对二者进行深入的分析和讨论，以便为财务管理工作提供一定的借鉴。

一、财务管理环境的变动

（一）经营方式层面

财务管理环境的变迁将极大地改变企业的发展方式，而经营方式的改变，不但关系到企业的核心建设，也关系到企业的经营运作。企业的财务管理包括资金管理、预算控制、风险防范等多个方面，在财务管理环境变化时，企业财务管理必须对经营方式进行调整和完善。只有这样，才能更好地适应企业发展模式的转变，为企业的财务管理工作创造良好的环境。

（二）全球金融领域

金融全球化对于企业投融资的发展具有重大的意义和深远的影响，它为企业的融资提供了更多的选择，也间接地丰富了融资方式与内容。随着金融市场环境的变迁，我国的财务主管部门将会结合当前的金融全球化形势，对其进行深入的分析和研究。在此基础上，我们将进一步加强对融通投资所涉及的风险问题的控制与预防，以保证融通投资的安全性，进而间接地影响到企业的财务管理。

（三）信息经济领域

随着我国经济的持续发展，各国间的交往日益紧密，经济一体化的趋势日益明显，跨国企业也在全球范围内出现了业务目标。跨境商品与服务的流通方式与一般的商品流通方式存在较大差异。经济技术也发生了许多变化，迫切需要采用相应的财务管理模式。而经济信息化的发展，正是基于网络技术和计算机技术，在信息交流和技术交流的基础上，对我国的经济运行方式产生了极大的影响。

二、财务管理环境变化对现代财务管理的影响

（一）建立资产评估制度

资本运作的顺利进行对于企业的发展和财务管理工作的顺利进行具有十分重要的作用，而建立一个完善的资产评估系统，对于提高我国的财务管理水平具有十分重要的作用。许多企业在进行财务管理时，都会把知识资本的评价和管理作为一个重要的内容。针对资产评估过程中遇到的困难，相关的管理层可以针对具体情况，对相应的会计和评估工作进行优化。

然而，在进行资产评估时，许多企业的管理层并未按标准的计量模型和方法来进行相应的评价。这一状况在一定程度上会影响到资产评估的价值分析和评价。在财务管理环境的改变下，有关部门将会更多地关注和研究资产评估，并针对现实的金融环境调整企业的现金流量和经营模式，以更好的方法来指导企业的财务管理。

（二）优化财务管理体系

互联网时代的发展，加上电脑技术的普及，许多产业在发展的过程中都会采用先进的网络技术和电子技术，以适应新的发展趋势，推动产业的健康发展。随着金融市场的不断变化，企业的财务管理模式也发生了变化。运用互联网和计算机技术，既可以有效地解决企业财务管理中出现的问题，又可以使企业财务管理的质量和效益得到进一步的提升。

比如，在进行财务管理的时候，需要进行大量数据和信息的统计和校验，但由于一些原因，导致相关人员计算和检查的错漏。而网络技术的合理运用，可以极大地减少此类事件的发生，间接地改善了信息的查核和计算的精确度，为企业的财务管理工作创造了良好的环境。此外，通过建立和优化财务管理网络，可以使企业的资源得到有效的分配，提高企业的信息共享和价值，提高财务管理者的工作积极性。

（三）财务管理的变动

除以上两个方面之外，财务管理环境的改变也会影响到企业的经营活动。由于不同的经济环境，不同企业的财务管理水平也会发生不同程度的变化，因此，企业要确保财务管理工作的正常进行，就需要相关的财务管理人员根据经济形势的变化，对相应的财务管理内容进行更新与优化。

我国企业财务管理环境的变迁与全球经济一体化进程紧密相关。近年来，我国出现了许多大型跨国企业，其融资行为也随之发生。而融资方式的引入，不但间接地提升了企业的财务状况，也促进了电脑技术的运用和推广。融通投资的方式越来越多元化，财务管理的内容也越来越丰富。

此外，随着我国财务管理内容的改变，一些跨国企业也会在现实生活中运用这种

新的投资方式，从而为我国企业的发展提供了更多的借鉴，间接地推动了我国企业的财务管理模式的改革和升级。在经营过程中，由于各种因素的影响，会产生一定的风险，从而降低投资的效益。然而，在财务管理的变化中，它可以间接地优化企业的盈利方式和经营内容，在一定程度上避免了风险，改善了财务管理的质量，从而对企业的整体经济发展起到了积极的作用。

（四）财务管理改革

随着经济全球化、金融全球化、信息化、知识资本化等经济环境的不断发展，我国的财务管理体制必须在财务管理理念、财务管理内容、财务评价体系建设、电子网络体系建设等方面作出相应的调整与创新。财务管理环境包括经济全球化、电子商务、企业核心重构等方面，在这种环境下，企业的财务管理必须进行相应的调整。

在当前金融环境不断变化的情况下，企业财务管理需要进行及时的改革与创新。首先，在财务观念、财务理论建设方面，要注重产业经济与知识经济的综合发展，既要确保经济的持续发展，又要在技术和资本两个层次上进行优化。即在传统的财务管理工作中，通过对资本运用的有效性和风险规避机制的优化，以保证企业管理者做出正确的决策和投资。其次，要大力推进财务管理的改革。由于企业财务管理的目的在于使资金利用率最大化，使其风险降到最低。因此，在财务管理方面，应该把人事关系与财务创新结合起来，通过优化人事管理体系，使企业的财务关系更加和谐、更加有效。

三、财务管理未来发展趋势

（一）财务理论与关系的革新

为了适应新的经济发展和新的金融环境，要增强企业的适应性和灵活性，使企业的财务管理更加高效。在新的经济环境下，企业财务管理的目标也随之发生了改变，从追求股东财富的最大化转移到了提升企业的价值，从而保障了企业各相关方的利益。同时，企业内部的财务管理关系也发生了一些改变，即更多地关注企业内部的经营，以及如何维护企业内部的员工关系，从而形成一个和谐、稳定的内部环境。

（二）筹资和投资的多样化

在全球经济一体化的背景下，金融产品的种类越来越多，企业在融资、投资等方面的选择也越来越多，从而增强了企业的决策能力。在线融资方式的出现，为企业的融资提供了方便，拓展了融资的范围，为企业提供了更为广阔的渠道，从而达到了优化企业内部资源配置、增强整体竞争力的目的。融资与投资的改变，使企业能够更好地使用资本，减少资金短缺的可能性，并确保企业内部的资金流动。

（三）合理分配收入

企业生存的基本目的是追求利润最大化，利润的合理分配对企业的稳定运作至关重要。而对实物资本的供给，则是基于资本产权的分配。在获得基本报酬的基础上，知识创造者可以根据其创造的知识资本参加利益分配，从而获得相应的收益。

（四）预算评估制度的专业化

财务管理与财务预算密不可分，各类报表是企业高层管理者进行决策的基础。因此，建立一个公正、合理的预算管理系统，是财务管理工作的关键。它可以使企业的经营状况、偿债能力、盈利能力、市场绩效等方面得到正确的评价，可以更好地促进预算制度的建立，使预算制度更加专业化，从而促进企业的可持续发展。

在经济转型的背景下，我国的财务管理体制出现了一些新的变化，对我国的财务管理工作提出了更高的要求。为了增强企业的核心竞争能力，稳定市场的地位，必须通过与市场、经济条件相结合的方式，不断完善财务管理，增强财务管理的灵活性，以适应不断变化的金融环境，从多个方面来满足企业的发展需求，从而推动企业的快速发展，提高企业的经济效益，实现企业的整体目标。

第三章　新时代背景下财务管理的基本组成

第一节　精益财务管理

随着社会和经济的迅速发展，全球经济一体化的趋势日益明显，产业间的竞争格局发生了很大变化，信息交流也越来越顺畅。但与此同时，也给我国各产业带来了前所未有的竞争压力，并带来了诸多问题。为了解决上述问题，我们在政府层面和企业层面进行了一系列深入的改革，为企业的快速、可持续发展提供了有力的保证。这一节从精益经营的视角，着重论述加强企业精益财务管理的具体措施，以促进企业的可持续发展。

一、精益财务管理的基本内容

企业的精益财务管理，就是把企业的财务管理工作进行细分，使其工作的效率和质量得到明显的提高，从而为提高企业的经济效益提供有效的手段。一般而言，企业实施精益财务管理，不仅要把财务管理的相关内容、资料进行分解，同时也要提升企业的资金利用效率。通过实施精益的财务管理，可以极大地改善企业的财务管理，促进企业的健康发展。这是当前许多企业选择的一种财务管理方式。

二、精益财务管理特点

企业的财务管理，不仅要把经营工作做得更精细，而且要有正确的经营理念和方向，才能提高经营绩效和效益。企业要从多个方面入手，不仅要注重执行，而且要注重效益，从而达到精益财务管理的目的。

（一）制度精细化

精益财务管理体系，是让财务的具体实施更加规范，从而实现精细化。企业要从自身的实际出发，对财务的各项制度进行严格的修改，并对各项条款进行细化，使之具有相应的原则，从而进一步细化和完善各种财务管理体系，避免出现不健全、不明确等问题。

（二）流程精细化

精益的财务管理过程可以使企业的财务管理过程得到进一步的梳理和改进，而过程的精确度是提高财务管理工作效率的关键。企业必须强化财务预算，将各系统的成本项目都纳入预算管理之中，并将其分解成不同的部门，按照相关的内部控制和高效的工作准则，对财务管理进行更加严格的规范，让财务人员可以将所有的精力都集中在分析财务数据上，从而更加有条不紊地进行财务工作。

（三）质量精细化

提高财务管理的质量，可以对财务进行有效的监督和决策，加强和执行国家和企业的财政政策和规定，全面、认真地反映公司的财务情况，重视细节、完善信息，增强信息的可利用性，加强对资金的监控，保证资金的安全，改变会计核算模式，形成统一的财务管理，从制度上保障预算制度的正常运行。

（四）服务精细化

财务人员要有一种精益的理财观念，深入基层，熟悉企业的实际状况，做好资产管理工作，加强与各部门的交流与磋商，提高信息的传递速度，建立起一种良性的互动关系，为各种活动提供依据。

三、精益财务管理的实现

（一）企业成本预算的内部执行

成本预算管理是以每年的资产经营业绩评价指标为基础，以各年度的预测值为已知变量，以此来计算全年的总预算收入。在进行高质量的成本预算时，首先要把成本预算分解为月度、季度、年度三类，将相应的公司的财务报表作为成本和费用的控制基础，并与各部门的成本预算进行比较，制订出相应的计划。

（二）严格执行精益管理

要把提高经济效益作为首要任务，严格执行精益管理。第一，在安全管理上，实施安全生产责任制，制订详细的安全管理计划和规范，明确安全责任，保证责任的实现。第二，在管理体制上，要充分发挥全面管理的功能，逐步完善预算管理、资产管理和精益管理体系。第三，在公司的资产运作上，实行目标责任制，使全体员工都能树立起良好的成本管理意识，把企业的整体运营目标落实到各部门。第四，把费用预算和报酬评价有机地结合在一起，并把精益管理目标所取得的成效作为绩效评价的一部分。第五，企业预算经费的使用要通过每月的计划来控制，这样才能保证企业资金的使用。第六，建立对企业成本管理的详细规范，明确企业的成本管理目标和职责。第七，逐步完善内部审计体系，实行严格、规范的管理，以减少企业的运营风险。第八，要完善企业的实物资产管理体系和措施，使企业的财务管理更加精细。

总之，精益财务管理有其独特的特点，对企业的发展有着重要的意义，同时，还必须通过精益财务管理来提升企业的经营水平，从而使企业的经营更加兴旺发达。

第二节　财务管理中的内部控制管理

内部控制管理能直接影响财务管理，所以当代企业都非常重视内部控制管理。一个好的内部控制管理方法能对企业的运营起到积极作用，不但能减少企业运行成本，还可降低生产成本，既能保障企业资产安全，又能有效地为企业降低财务管理风险，为企业管理层提供可行的财务数据，有利于更好地发挥内部控制管理的作用。

一、内部控制管理对财务管理的作用

市场经济的发展需要企业完善内部控制管理工作，预防在经营过程中出现危机。企业内部控制管理措施的执行与财务管理工作是息息相关的，直接影响到企业的经济效益。虽然现在不少企业领导层都开始重视内部控制管理，但还是有少数企业领导并不那么重视内部控制管理，对财务管理工作也没有起到监督作用。其实，内部控制管理对财务管理有着非常重要的作用。

（一）有利于保护企业资产

内部控制管理能有效保护企业资产安全，使企业健康发展。因为内部控制管理人员需将企业全部财产进行核查与控制，并清楚企业每一笔资金流动，所以能确保财产安全，避免企业出现挪用公款的情况。企业财务管理部门根据企业现状拟定相关管理制度，并对物资处理进行详细规定，这样能提升企业财务管理方面的专业水平。同时，也能有效防止贪污现象，企业在正常运营下提高了外部竞争力。

（二）有利于提高财务信息真实性

内部控制管理能提高企业财务信息的真实与可靠性，完善企业内部控制管理制度对财务管理有着重要影响，要拟定详细的财务信息处理方法与控制方案。比如将财务信息资料进行审核复查，经过内部控制管理完成企业财务信息的校对，以及时发现财务管理中的问题，并及时改正，从而降低资产损失。财务信息越真实越有利于企业财

务管理的发展。

（三）使企业经济效益得以提高

完善内部控制管理是提高企业经济效益的有效方法，加强内部控制管理并发挥内部控制管理在经营管理中的作用，能够提高企业财务管理水平。建立完善的企业内部控制制度能充分利用内部控制管理制度的资金调节作用，使资金使用合理性得以提升，并有利于加强企业发展的自我约束力。

二、内部控制机制对企业发展的影响

财务管理内部控制主要是系统整合企业各个财务活动与生产经营活动，并且通过财务方式将企业各个部门有效联系起来，这样有助于企业管理人员进行科学的经营决策，有效监督和约束企业各个层次的财务活动。实行内部控制机制，可以在较大程度上提高企业的经营管理效率，实现最大化的资产收益。企业内部控制的科学性和实效性可以帮助企业做好财务预判，降低运营风险。此外，内部控制机制也能够帮助企业控制和管理企业资金，全面发挥资金的价值，为提高企业的经济效益提供良好的发展动力和经济基础，进一步提升企业的市场竞争力。

（一）内部控制是控制机制的重要组成部分

在企业控制机制当中，内部控制机制属于重要组成部分，主要表现在三个方面。第一，结构控制体系。该体系是在“二权分立”基础上发展的，能够全面展现出代理与委托之间的关系，利用合法措施确保企业可以顺利开展企业内部控制，这样可以确保投资者的效益。第二，管理控制体系。该体系存在较多的形式，主要包括定期换岗制度、员工道德素质培养、预算控制及内部监督制度等，将在较大程度上影响代理人的责任的成功性。第三，会计控制体系。该体系也可以称为核算控制，根据控制内容的差异性，可以进行实物控制、纪律控制及基本控制等，从根本上确保会计控制。

（二）内部控制保障财产安全

建立企业内部控制能够全面保障企业的财产安全。其一，内部控制可以加强控制企业的流动资金，全面保障流动资金的安全运行。在部分企业发展期间存在较大的货物流动性，并且会涉及较多的环节，这就需要不断规范内部控制，避免出现安全问题。其二，企业内部控制能够保护固定资产和长期资产，按照企业的实际发展状况调整财产，并且传输安全的资产信息，这样使企业在外部投资期间可以正确认识自身情况。

（三）内部控制降低企业经营风险

企业建立内部控制制度，有助于企业领导层面获取企业发展的最新信息，之后按照信息做出正确的决策，全面降低企业的经营风险，促进企业实现发展目标，建立企业文化。内部控制制度能够为企业管理人员提供最新的财务信息和经营信息，有助于他们按照企业的实际发展方向做出判断，以此适应市场的发展规律，降低外部环境对企业的影响程度。

（四）内部控制是企业发展的必然要求

随着市场经济的不断发展，企业需要全面进行改革创新。借助内部控制制度的作用，不仅可以改善企业的外部环境，还能够改进微观机制。在实行内部控制制度时，不仅需要全面学习企业内部控制理论和发展经验，还需要正确认识企业进步、企业发展及企业管理之间的关系。企业在该发展背景之下，为了提升自身发展水平，需要全面建立内部控制机制。

长期以来，我国不断深化财税体制改革，提升财政管理水平。企业在进行财务管理内部控制建设工作时，要细化各项工作流程、优化管理业务，这样才能从根本上提升财务管理的工作效率及工作质量，早一步实现现代化的财务管理制度。

三、财务管理过程中内部控制管理的措施

内部控制管理是企业财务管理的核心，在这个竞争压力如此大的市场环境中，企业若没有一个好的内部控制管理制度，企业内部竞争力就会不断下降，也会对外部竞争造成直接影响。所以，企业必须加强内部控制管理，提升财务管理水平。

（一）建立完善的财务管理内部控制制度

企业在财务管理内部控制方面应注意三点：①财务管理过程应与互相制约的制度进行融合，完善以防范为主的监督制度；②设置事后监督制度，在会计部门的会计核算部分对各个部分展开不定时检查、进行评价，再依照相关制度展开不同的奖惩，并把最后结果反馈给财务部负责人；③以目前有的审计部门作为基础，建立一个完全独立的审计委员会，该审计委员会可通过举报、监督等方式对会计部门采取监督控制。

（二）提高企业财务人员的职业规范，完善内部控制管理

财务管理制度需要有人执行，就会受到工作人员职业素养的影响。因此，企业领导者应带领工作人员严格遵守内部控制管理制度，加强对会计人员专业知识的培训，提升其专业水平，并对会计人员进行职业道德教育，增强会计人员的自我约束能力，从而严格按照企业规章制度行事，提升工作能力，降低错误发生率，做好内部控制管理的工作。

（三）加强内部审计监督

内部审计监督是企业财务管理控制的重要组成部分，有着不可动摇的地位，是内部监督的主要监管方法，尤其是在当代企业管理中，内部审计人员将面临新的职责。企业应建立完善的审计机构，充分发挥审计人员的作用，为企业内部控制管理营造一个良好的环境。

（四）加强社会舆论的监督

现在，我国有些企业财务部门的管控制度还不够完善，相关管理人员的业务能力与职业素养还需进一步提高，仅仅依靠会计人员的自觉性与政府的监督是不够的。所以，政府应大力推进会计事业发展，积极利用其职责发挥社会监督的作用，从而能够发展与完善内部控制管理制度，使市场经济秩序稳定发展。

（五）重视内部控制管理流程

资金管理是企业财务管理中最重要的内容，企业需对资金使用情况进行严格审批管理，使资金管理更具有合法性。例如固定资产管理，财务部门可派专门人员对其进行单独的管理；对某一项目进行资产管理时，企业应对其预算有严格的审批。只有建立标准的额定费用使用机制，企业资金才能发挥最大的作用，才能保证周转速度一切正常。

综上所述，内部控制管理在企业财务管理中非常重要，这种重要不仅体现在经营方面，还体现在企业资金应用方面。在优胜劣汰的市场竞争环境中，企业必须加强内部控制管理制度，以保证企业资金安全，有效降低财务管理风险。

第三节　跨境电商的财务管理

随着网络技术的快速发展和全球经济一体化，跨境电商在我国得到了快速的发展。本节就跨国电商进行了财务管理的探讨，指出了跨境电商经营中存在的问题，包括会计核算不规范、缺乏成熟的跨境电商财务 ERP 系统、跨境电商税务问题等，针对跨境电商财务管理面临的问题提出相应的解决和提升方案，从而促进跨境电商企业财务管理的不断完善。

一、跨境电商经营中财务管理的重要性

随着我国跨境电商的迅猛发展，金融监管问题日益受到人们的重视，但由于其自身的特殊性，其财务管理与传统金融业务相比有很大的不同，这就给我国金融机构的财务管理带来了新的挑战。目前跨国电商大多规模较小，对财务人员的配置和资金的支持都很有限，所以跨境电商的财务管理还需要进一步完善。在跨境电商的经营中，财务管理是一个非常重要的环节，因此，必须从实际出发，研究如何有效地解决相关问题，从而逐步优化和提升跨境电商的财务管理水平。

二、跨境电商发展网络财务管理的对策

（一）建立风险意识是优化网络财务管理的重要条件

跨境电商在网络财务管理中存在着诸多问题，其中一个主要原因就是缺乏风险意识。为了使网络财务管理的优势得到最大限度的发挥，减少其负面的影响，跨境电商必须树立风险观念，认识到风险管理的重要性，并结合自身的实际状况，建立一个风险评价系统，或者与第三方机构合作，对其发展中的各种风险进行评价和预测，并制定出相应的网络财务管理方案和防范措施，确保开展各项业务的顺利性、稳定性和安全性。

（二）建立网络财务管理体系是优化财务管理的基础

要使网络财务管理的优势得到最大限度的发挥，例如：提高经营管理的质量和效率，提高财务的协调性、员工的参与性，实现经济活动和财务状况的实时、动态的管理等。在这一过程中，要充分分析跨境电商的性质、业务流程等，以便科学地设计网络财务管理体系，并根据企业的具体情况，合理地配置相应的软件，以确保其在使用中的科学性和可操作性。

（三）优化财务管理需要高质量的专业人才

人才是企业的核心资源，其能力、知识、水平的高低，将直接关系到企业的财务管理工作的质量和效益。因此，如何有效地解决目前我国跨境电商的财务管理难题，提高我国网上金融服务的质量和水平，加强高素质专业化人才的培训，是我国电商发展的必然趋势。在这一过程中，企业应结合跨境电商财务管理的特点，结合网络财务管理体系的构建与应用需求，加强员工的财务、会计专业知识，同时还要注重其信息素养、计算机素养、网络财务管理系统操作与使用能力等的提升与强化，为跨境电商优化发展奠定良好的人才基础。

总之，任何一个新兴产业的崛起和发展都会遇到很多的问题，需要经历一段时间的考验。在信息化的大环境下，跨境电商有着巨大的发展空间。尽管基于跨境电商的网上金融业务相比于传统外贸具有明显的优越性，但是由于其起步时间尚短，运行方式还不够成熟，还有待于进一步的完善，以解决目前我国外贸企业融资管理中的一些问题，促进我国跨境电商的发展。

第四节　资本运作中的财务管理

随着我国市场经济的不断发展，企业面临着一系列的改革，特别是“营改增”的

大背景给企业的财务管理提出了新的要求。为了能够提高在市场中的竞争力，企业必须要不断加强自身的资本运作能力，这样才能够实现“钱生钱”。从当期的企业结构分析，财务管理与资本运作相辅相成，也可以说财务管理服务于企业的资本运作，一个是微观资金活动，另一个是宏观资金活动。资本运作与商品运作的概念是相互对应的，主要是指资本所有者对其自身所拥有的资金进行规划、组织、管理，从而实现资产升级。企业发展必须要有资金支持，而较大的资金投入会加大企业经营风险，这就需要企业能够不断优化自身的资本结构，从而获得更多的经济效益。

一、企业资本运营的特点分析

（一）价值性

企业资本运营的核心特点就是价值性，也就是任何资本运营活动都要推动企业相关产品升值或获取经济效益。企业资本运营的侧重点并不是资产自身，而是企业所有资产所彰显出的价值。在开展企业资本运营过程中，任何活动都必须要着重考虑成本，从而综合反映出成本占用情况，这样才能够分析出企业资产价值，通过对边际成本与机会成本的相互比较衡量，为企业决策提供有力依据。

（二）市场性

市场性是资本运营的基本特点，在市场经济大背景下，任何经济活动都要依托于资本市场，这样才能够跟上市场的发展步伐，满足企业的发展需求。因此，企业资本运营必须要能够通过市场检验，只有这样才能够了解资本价值大小与资本运营效率的高低。可以说，企业资本之间的竞争就是要依托市场活动才能得以完成，这也是当今资本市场和企业资本运营的一大特点。

（三）流动性

资本运营就是一个资本流动的过程。例如，我们常说投资就是一种资本运营，通过前期大量投资，从而不断获取相应的回报，因此，流动性是资本运营的主要形式，这样才能够在不断的流动中实现产品增值。对于企业而言，企业中的资产不仅仅是实物，也不单是要求实物形态的完整性，而是更注重对实物资产的利用效率，是否能够在流动中获得更多的经济效益。

二、强化财务管理，优化资本运营

企业资本运营是获取经济效益、实现资产增值的重要手段。企业财务管理作为企业管理的核心内容，对企业的发展有着重要影响。因此，我们必须要充分发挥财务管理的积极作用，推动企业资本运营的优化、升级，从而推动企业健康发展。

（一）加强企业财务管理

在市场经济下，企业财务管理面临着多方面的挑战，财务管理不单单是针对企业生产经营活动领域，同时也会涉及国内外市场、政策影响等。如今，多种经营方式与投资机遇呈现在了企业面前，任何经济活动都能成为“双刃剑”，这就要看企业资本运营中的财务管理是否得当，根据投资组合方式，制定资本运营的盈利目标，并提高自身的抗风险能力、融资能力，从而丰富资本运营活动。因此，在资本运营过程中，加强财务管理至关重要。

（二）完善财务管理制度

想要充分发挥财务管理的积极作用，必须要有相应的制度支持，这样才能够保障财务管理的有效性与完善性，降低企业财务风险。因此，企业需要设置独立的财务机构，并配备相应的核算人员、总会计师、资金分配人员等，为制度确定奠定坚实的基础。对于资本运营中的相关材料，必须要能够将会计原始资料作为企业资本运营与生产经营的核心资料，并统一资料的形式与内容，明确财务管理工作人员的相关责任，避免出现财务工作操作失误等问题。结合《企业财务通则》、《中华人民共和国会计法》和市场环境、企业内部环境，制定出更加完善的财务管理制度，明确不同岗位的工作要求，为资本运营提供制度基础。

综上所述，随着我国市场经济的不断发展，企业之间的竞争越来越激烈，因此，企业必须要完善财务管理制度来提高自身的市场竞争力，提高企业的经济效益，实现资产保值，充分发挥财务管理的积极作用，为资本运营奠定坚实的基础。

第四章　新时代背景下财务管理的创新理念

第一节　绿色财务管理

随着社会的不断进步，经济发展与环境保护、资源利用之间的矛盾越发突出，我国经济已由高速增长阶段向高质量发展阶段转换。在这个背景下，财务管理工作也需要同国家发展战略相适应，发展绿色财务管理刻不容缓。所谓的绿色管理，具体来讲是考虑企业经济效益的同时，兼顾环境保护、资源利用以实现企业经济的绿色健康发展的一种管理方法。

一、绿色财务管理概述

绿色财务管理是在原有的管理方法基础之上，融合环境保护、资源合理利用、社会经济效益等因素，统筹企业运营与环境保护工作，从企业资金运作的角度对经济活动进行合理规划，促使企业向资源节约型、环境友好型企业发展。

（一）绿色财务管理的内容

1. 绿色财务活动

它在原有的财务内容中增加了环保和资源利用两个要素，规定相关主体在开展财务工作的时候，不仅要考虑经济效益，还要兼顾资源的全面利用及消耗能力、生态的受损程度及其恢复所需的资金等因素，它更加重视社会可持续发展。从筹资的阶段来看，企业应增加专门应用于环保的专项资金，用于处理企业经营过程中的环境破坏、资源浪费的问题。这种资金可以通过发行用于环保的绿色债券来获得，也可以从传统融资模式中分配出用于环保的资金。从资产的购置来看，应鼓励企业购置资源节约型、环境保护型设备，将这些环保设备与传统设备的差价单独核算，通过一些转换作为企业环保绿色指数；从营运资金管理的角度来看，应将企业日常经营活动中用于环保的绿色费用单独归集，单独核算；从股利分配的角度来讲，可以设置专用的绿色公积账户，从未分配利润中提取绿色公积，专门应用于企业的环保工作；从对外投资来看，企业可以通过购买其他企业发行的绿色债券，或者进行应用于企业环保的投资来获取股权，以投资量多少转化为企业绿色指数。利用绿色指数衡量各企业对环保的投入。

2. 绿色财务关系管理

绿色财务关系管理是在原有与出资人、债权人、债务人、供应商、买家、政府、同行等财务关系管理的基础上，增加了对资源关系、环境关系的管理内容。具体来讲，在开展新项目的时候，在考虑项目成本、项目利润、股利分配等传统要素的同时，也要综合考虑项目对自然环境的影响和对资源耗用的程度。这种考虑要从长期出发，不能仅局限于项目建设和运营时期，在项目报废的后续处理中也要体现绿色财务管理的应用，把解决项目报废的环境遗留问题需要投入的资金考虑在内，将新要素与财务管理传统要素有机融合，进行深度统一的财务管理分析。实践绿色财务管理不仅需要企业的努力，还需要政府发挥领导、监督作用，进一步出台绿色财务管理相关的法律法规，使绿色财务管理工作有法可依、有法必依。除此之外，在社会上形成绿色氛围，例如：将企业的绿色指标作为衡量银行贷款额度的标准之一，鼓励买家购买绿色指标高的企业生产的产品，鼓励投资公司向绿色指标高的公司进行投资。

（二）开展绿色管理的意义

1. 带动财务管理工作的进步

我们都知道，作为一种科学体系，财务管理工作并不是一成不变的，它是会伴随社会的发展而一直进步的。在过去的几十年里，为了谋求经济的快速发展，企业一味追求经济效益，忽视随之产生的环境破坏、资源浪费现象，国家政府疏于监管，给我国的自然环境和资源多样性造成了严重的破坏。目前，我国稳居世界第二大经济体，社会经济向高质量发展阶段过渡，环境保护和资源合理利用工作是重中之重，这就要求财务管理工作从以前的一味追求低成本、高收益，不顾资源节约和环境保护的传统模式向统筹企业效益和资源环境保护的绿色财务管理模式转换。这对财务管理工作来说是一种挑战，但也是财务管理工作进步的必经之路。

2. 促进社会和谐发展

地球是人类赖以生存的家园，我们开展的各项经济活动都要依托于资源和环境的利用。目前，我国社会的主要矛盾已经转化为人民日益增长的美好生活需要和不平衡不充分的发展之间的矛盾，生态环境保护工作是重点之一，发展绿色财务管理是对可持续发展战略的坚决落实，只有企业在生产经营的过程中采用科学的方法对环境、资源等要素进行合理的评估，才能制订出符合生态文明建设整体布局的企业经营计划，发展绿色财务管理是从源头上对企业无序竞争、资源滥用等现象的有效遏制。

二、加强绿色财务管理的措施

（一）加快绿色财务管理的理论研究

虽然对环境、资源等的产权认定很难，但是，在人类社会可持续发展的需要面前，一定要发挥主观能动性，迎难而上，攻坚克难。首先，要提高社会各界对绿色财务管理的认识，多做有关绿色财务管理的知识普及，增加民众的认可度；其次，要加强绿色财务管理研究人员的队伍建设，不仅要培养会计方面、财务管理方面的专业人员，更要培养环境保护方面、资源管理方面的专业人员，以及精算、数学、地理等方面的专业人员，在必要的情况下，可以仿照管理会计师那样设置一个绿色财务管理师的资格证，给予其充分的社会认可度，引导绿色财务管理人才的培养；最后，对于一些难以划定资源产权界限的资源，例如海洋资源，海水在不停地流动，一国在海岸排放污染物很快就会扩散到全世界，对于这样的问题，国际社会可以将有关海洋的公共资源作为惩戒的砝码，以沿海各国在大海的排污量作为标准限制其对公共资源的开采，例如公海渔业。

（二）健全绿色财务管理的评价体系

健全绿色财务管理的评价体系，需要把评价体系具体细化，增加新的评价指标，并加以量化。为了使企业绿色指标更加有参考价值，就必须开创新的绿色指标譬如环保设备上新率、资源消耗率、可再生资源再生率等指标，综合传统的绿色再生率和绿色收益率形成有效的绿色财务管理评价体系。

第二节　财务管理信息化

企业财务管理信息系统是企业管理信息系统的核心组成部分。随着当前网络与通信技术的高速发展，特别是以目标成本管理和预算控制管理为核心的现代化财务管理系统的发展，简单的财务电算化管理信息系统已经不能够满足企业对管理信息的要求。企业需要更健全、更完善的财务管理信息系统——一个集会计核算、财务管理和经营管理于一体的财务管理信息系统。财务管理信息化需要由单纯的会计核算型向财务管理分析型及企业的信息系统集成型转变，进而为企业生产、经营和管理提供信息集成和决策辅助功能。

一、企业财务管理信息化建设中存在的问题

随着组织规模的不断扩大，业务越来越复杂，企业财务管理工作需要不断地细化

和深化，财务人员的工作量不断增加。大量的数据需要及时处理，财务信息的关联程度越来越广，传统的基于手工信息处理特点而设置的会计业务流程传递越来越暴露出不足，无法满足财务管理的需要。即便在已实现会计电算化的企业，企业的财务管理信息化也暴露出诸多的问题，影响企业的管理，制约企业的发展。

（一）对财务管理信息化的核心地位认识不强

许多企业在信息化建设投入中缺乏重点。部分企业对财务信息化建设的认识还停留在IT技术替代手工操作的层次上，认为实现会计电算化就是财务管理信息化的目标，对实现现代化管理的信息资源的需求了解不够，没有认识到财务管理信息化是企业管理信息化的核心，是实现管理现代化的保障。

（二）信息失真、信息不集成，难以为科学决策提供依据

现代企业管理最根本的是信息的管理，企业必须及时掌握真实准确的信息来控制物流、资金流。然而，当前我国相当多企业的信息严重不透明、不对称和不集成，没有做到数据的充分挖掘和利用，数据采集、处理口径不一。另外，由于应用的软件不够统一，没有统一的信息编码标准，造成信息的利用率和整合程度不高。

（三）传统会计流程存在缺失

在传统的会计体系结构中，会计数据以汇总的形式重复存储于信息系统，难以反映经济业务的本来面目；而且所反映的信息往往滞后于业务信息，信息的滞后不仅影响了信息的质量，也降低了它的相关性，以致企业无法从效益的角度对生产经营活动进行实时监控。当IT技术在各个领域得到广泛应用时，许多组织的财务人员积极将IT技术应用于会计信息系统。但是人们在传统财务会计体系结构的束缚下，并没有充分发挥IT技术的优势重新设计财务会计流程，只是简单模仿和照搬手工的流程。

（四）缺乏财务信息化管理的复合型人才

现代企业越来越重视人才的开发和培养，企业不仅拥有各类技术人员、拥有生产经营方面的专家和研发人员，也拥有从事计算机控制方面的技术人员等。但基于我国的国情，很多企业的财务部门人才很匮乏。有些企业的财务人员往往学历不高，缺乏信息化管理能力及思想，其财务管理能力和理念已经不能适应现代企业管理的需求。

（五）企业各级管理人员的认识不到位

在企业内部建立财务管理信息系统，是一项重大的管理工程，涉及企业管理的理念、模式、资金运作方式、生产组织形式等诸多方面的变革。如此浩繁的工程，涉及方方面面，只有企业领导重视，有关管理人员齐心协力，才能顺利进行。但部分企业的部分人员安于现状、缺乏创新精神，认为实现电算化就是财务管理信息化的目标，对实现现代化管理的信息资源的需求了解不够。

二、信息化建设的重要意义

从管理角度来看，信息化建设在企业财务管理工作中具有重要的实践意义，主要表现在以下四个方面。

（一）信息化在财务管理工作中的应用大大提高了企业财务管理工作水平

特别是信息化的应用，把会计人员的双手从过去繁重的手工劳动中解放出来，会计人员只需掌握信息系统的一些简单操作方式，就可以对财务数据进行计算机录入，必要时还可以进行反复修改，及时进行会计核算，制作各种财务报表。毫无疑问，利用信息化系统完成这些工作，差错率小、可靠性高，提升了财务数据的准确性。

（二）信息化在财务管理中的应用可以有效控制企业成本

成本控制是企业财务管理工作的核心环节，也是企业实现最终盈利的根本保障。利用财务管理信息化建设的先进性，企业财务部门可以全程掌握生产经营中各项大额成本支出的请购、采购、库存和审批等过程，使它们在运行中留有痕迹，提高了企业对成本支出等费用的管控能力，降低了各项成本费用指标的超标可能。

（三）财务管理信息化建设使企业的资金管控更为严格

企业的日常经营管理活动是以预算管理为主线、以资金管控为核心而开展的，是以货币计量方式对企业经营活动的资金收支情况进行统计和记录的。其中，在企业项目资金的管理方面，企业是以资金使用的活动情况为核算对象的。如果构建了财务管理工作的信息化系统，企业就可以借助信息化系统对企业资金使用情况进行统筹和预测，降低企业采购与财务之间的往来频率，企业财务人员也能够利用信息化系统了解采购计划的相关信息，有针对性地制订出筹集资金和付款计划，提高工作效率，减少管理漏洞。

（四）财务管理信息化建设提升了企业财务信息传递与交流的时效性

21 世纪企业之间的竞争也是信息的传递与交流之间的竞争。可以说，在财务管理中进行信息化建设，可以有效整合各部门之间的财务信息和数据，进而借助计算机网络进行汇总、分析、分流和反馈，极大地提高了企业财务信息传递与交流的时效性。

三、企业财务管理信息化建设的发展策略

（一）树立正确的财务管理信息化发展观念

企业财务管理信息化建设是实现企业财务管理现代化的重要前提，是建立在计算机应用技术、网络应用技术、信息通信技术以及“互联网+”技术基础之上的一项复杂系统工程。该项目的顺利建设与竣工，需要企业各级领导、各部门的通力合作、全力支持，而非一蹴而就。因此，在财务管理信息化建设过程中，企业各级领导、各部

门必须树立正确的信息化发展理念，不能忽视、漠视、无视财务管理信息化建设对于企业发展里程碑般的重要意义，不积极主动支持信息化建设工作，不积极主动解决信息化建设过程中遇到的问题，也不能操之过急，罔顾企业的技术条件和操作人员的专业化水平，仓促引进、盲目上马，造成财力、物力、人力等的浪费，更不能过分强调、放大财务管理信息化建设的功能，把信息化建设看成可以解决一切财务问题的万能钥匙。在财务管理信息化建设的过程中，企业各级领导、各部门要本着实事求是、循序渐进的原则，综合考虑各方面的因素和条件，按部就班、有条不紊地进行信息化建设，这样才能为企业以后的财务管理工作发挥应有的作用奠定良好的技术和管理基础。

（二）加强领导对财务管理信息化建设的重视

21 世纪是一个信息社会，是一个高度重视信息化的时代。信息化是现代社会发展的一个重要方向。21 世纪正处于一种革命性的变革之中，全球的信息技术革命将决定整个人类社会的发展趋势，并将在全球形成一个崭新的、相互融合的新的信息社会。因此，要实现企业的财务管理信息化，企业领导者必须要充分关注财务信息的建设，身先士卒、身体力行，并结合企业的发展和现实需求，从实际出发，制订符合公司特点的财务管理信息化建设方案。因为财务管理信息化建设需要庞大的资金，因此，在没有公司高层的支持下，不可能将大量的资金投入到信息化建设中。因此，企业领导者高度重视财务管理的信息化建设，是实现企业信息化的重要保证。

（三）加大对财务管理信息化建设的人才培养力度

财务管理信息化已为企业界所普遍认可，也受到了充分的关注，但从客观上看，目前我国企业仍缺少财务管理信息化的专业人才。

我国的财务管理信息化建设与传统的财务管理模式相比，还处于摸索阶段。加强人力资源管理的信息化建设，是保证企业财务信息化工作顺利进行的关键。

（四）注重对财务管理信息化软硬件设施并重的建设

随着全球信息技术的变革，财务信息化是财务发展的必然趋势。当今社会，企业只有认识、接受、建设和发展信息化，方能避免因信息科技的发展而被淘汰出局。要提高企业的信息化水平，就应该把软件和硬件结合起来，而不能偏袒任何一方。信息化建设的前提是硬件设备，没有了硬件设备，企业的财务管理就无法实现信息化；软件设备是企业信息化的命脉，缺少了软件设备，企业的财务管理信息化就如一潭死水。只有将软件建设和硬件建设相结合，使两者齐头并进、共同发展，才能真正达到企业财务管理的目的，从而真正地为公司的发展助力。

第三节 财务管理和人工智能

目前，我国的人工智能技术发展迅速，把人工智能技术和财务管理相结合，可以在企业规划、预测、决策、预算、控制和分析等方面发挥重要作用。将复杂的财务问题分解为多个问题，最后得出一个解决方案。

一、人工智能技术给财会行业带来的机遇

（一）会计信息处理的质量得到改善

会计和审计均应严格遵守会计准则，但在会计领域，会计准则尚未得到切实贯彻。这主要是由于在会计信息和审计工作中仍采用传统的手工编制、调整、判断等方法，导致会计舞弊和差错现象时有发生。

（二）提高会计人员的工作效率，节省人力

目前，国内已有专门从事小型企业账务服务的公司，公司研发的软件可以通过电子技术对原始凭证进行扫描，并根据不同的部门需求，自动生成相应的财务报表，这样既可以减少会计人员的劳动强度，又可以确保会计工作的有效性；审计部门通过开发的审计软件，可以在分析会计报表的过程中，及时发现审计问题，并采用科学、有效的方法来解决问题。

（三）建立健全的财务风险预警体系，加强会计从业人员的风险意识

目前，我国一些企业虽然具有风险意识，但是风险预防与处理的能力还不够强。究其根源，是由于企业缺少一套切实可行的、健全的风险预警机制，会计人员对风险的认识不足。企业内部融资活动存在着一定的逆向性，难以进行纵向比较。因此，运用人工智能技术建立风险预警模型，以各种真实、可信的财务信息提前预警，既保证了企业的资本运作，又能及时发现自身的缺陷，创造一个和谐美好的企业发展环境。

二、人工智能技术在财务管理中的应用

（一）财务管理专家系统

财务管理专家系统包含了财务管理知识、管理经验和管理技能等方面的知识。为减少财务管理人员在描述、分析、验证等工作中的繁重工作，许多公司都把管理技能、管理理念和管理环境运用于财务管理工作中。

将人工智能技术运用于财务管理专家系统，按其特定的财务管理内容，将其分为融资管理专家系统、投资管理专家系统、运营管理专家系统（包括风险管理和危机管理）、分配管理专家系统。其中包括财务规划与预测、财务决策、财务预算、财务分析、财务控制等子系统。

通过对各个系统的优化和集成，使财务管理专家系统的功能得到充分的发挥，财务预测精度得到提升，财务决策的科学性得到加强，财务预算与实际相符，财务控制的有效性得到改善，财务分析更加全面、细致，扩大财务管理的范围。

在财务决策子系统中，财务决策子系统占有很大的比例，而财务决策子系统的正常运作需要其他子系统的支撑。运用智能财务决策支持系统，可以对企业的内部控制和资产配置进行全面的评价，并对投资期限、套期保值策略等进行深度分析。

通过分析，可以进一步优化和完善项目的建设。

（二）财务管理的智能化信息共享

NET 系统是一种基于计算机辅助决策的财务管理系统，是由微软 VisualStudio. NET 开发的，由互联网信息服务（Internet Information Services，IIS）在操作系统中完成相应的发布工作。在发行平台上设定 . NET 架构，以执行个别 . NET 程式。

为了实现财务信息的共享，公司将以节省成本的思想，将真实、可靠的财务信息传达给各利益相关者。通过实例说明，建立和应用浏览器/ 服务器模型，可以使企业的成本得到合理的节省，能够快速、高效地分享各个会计信息，从而提高会计信息的处理效率。

财务管理查询系统是由操作系统中的 IIS 发布的，公司的各个功能部门只要登录网络就可以随时访问，而外部的相关用户则可以通过互联网了解到每个单位每天的财务情况。同时，将界面技术引入智能财务信息共享平台，使企业的财务管理工作更加完善和成熟。

（三）ANN 模型

人工神经网络（Artificial Neural Network，ANN）是由许多不同的加工单元，如人工神经元、电子元件等，抽象和模仿人脑的工作机制和结构。ANN 从范例学习、知识库修改和推理结构等方面，扩展了人的眼界，增强了人对智能的控制。

ANN 是由许多神经元组合而成的模型，它包含了反馈网络，也可以说是递归网络和前馈网络。其中，反馈网络是许多神经元联合产生的结果，能够及时地将输入的信息传递给上一层或同一层次的神经元，从而使信号能够进行正、逆向的传递。前馈网络具有层次分明的层次结构，使得同一层次的神经元无法相互联通，从输入层到输出层的信号主要是单向传递，将上层和底层的神经元串联起来，同一层次的神经元是不能互相联通的。

目前，神经网络已经在企业战略财务管理、风险投资项目评估、固定资产投资预测、纳税评估、物流需求预测等诸多领域中得到了广泛的应用。

在现代科技的飞速发展下，企业财务信息化已经势在必行，而采用智能财务管理专家系统可以有效地提升企业的财务管理水平和效率。未来的财务管理专家系统将逐步朝着智能化、人性化、即时化的发展趋势，可以预见，到那时，复杂的财务管理工作将由一位智能的财务管理专家来承担，而不用面对大量的工作。从财务主体可持续发展的角度出发，坚持“以人为本”的思想，实行科学化的财务管理，既要确保企业财务主体的健康发展，又要给相关各方带来预期的收益。

第四节　区块链技术和财务审计

区块链可以建立一个用于交易的分布式账户，在该账户中，参与交易的所有人都可以保存同一文档，以便随时访问和查阅。这一做法能够保证安全和及时地共享信息。

区块链的概念在财务与审计领域具有重要的意义。随着财务会计的出现与发展，企业的财务关系变得越来越复杂，尤其是在工业革命以后，由工厂取代了手工作坊，对成本进行核算和分析，使企业的财务管理工作更加重要。随着信息化时代的到来，网络技术不断发展，企业之间的交易越来越网络化，数据的共享越来越多，开发出了以 ERP 为基础的会计电算化软件和基于顾客关系的会计软件，企业进行商业交易可以通过区块链系统实现两个节点数据共享，以云计算、大数据为代表的互联网前沿技术日益成熟，使传统以成本、利润分析为中心的财务管理模式被基于区块链无中心财务分析模式替代。因此，应用区块链技术对财务审计的发展将产生非常深刻的影响。

一、区块链的概念和特点

区块链是以网络为基础的分布式处理资料库。公司的业务数据分布在世界范围内，将这些数据彼此联结起来，这就要求建立在彼此的互信基础上。区块链是以实体为基础的链路，将分散在各地的资料整合到一起，彼此之间不是以单一的资料处理体系为核心，而通过链路进行资料联结，降低了信任代价，提高了资料存取率。作为一种新型的分布式记账方法，区块链具有如下特点。

（一）没有数据管理中心

区块链可以将世界各地存储的所有数据通过数据链路联结起来，每一个交易数据都可以按照链接规则进行访问，这个规则是建立在加密算法基础上的，而不是管理中心提供的，每一次交易都是由用户自己审核，不需要第三方的中间人来背书。攻击任意一个节点，不会影响其他链接。而在传统的中央网，只要对一个中央节点进行有效的攻击，就可以使整个系统崩溃。

（二）无须中心认证

区块链采用哈希的链路规则，无须经过传统的权威认证。每个交易的数据都是通过网络中的用户互相提供的，网络中的节点数量越多，受到攻击的概率就越低。

（三）无法确定重点攻击目标

由于区块链采用了单向哈希的方法，在没有核心的情况下，很难发现目标，无法对区块链的数据进行篡改。如果黑客对区块链中的数据进行了修改，那么这个节点就会被其他节点排斥，这样既可以保护数据的安全性，也可以防止被攻击的节点数量过多，无法找到攻击的对象。

（四）无须第三方支付

在区块链技术出现后，各个交易主体进行交易后，在不需要第三方支付的情况下，进行付款更加安全，而且解决了第三方支付的双向费用问题，降低了交易费用。

二、区块链技术对审计的影响

（一）基于区块链技术的审计理论系统

1. 审计证据的变更

区块链技术的诞生，改变了以往的稽核证据。审核的依据包括财务报表等财务文件。由于采用了区块链技术，企业之间的交易可以在线进行，将彼此之间的经济活动的证据转化为非书面的资料，而稽核对象则变成了两个区块之间的数据链。

2. 变更审核程序

传统的审计流程为确立审计目的、制订计划、实施审计、发布审计报告。在计算机网络审计中，为了验证计算机软件的运行可靠性，需要使用“白盒”和“黑盒子”两种方法，在实施审计时，主要采用“反向检查”的方法，将报表数据从“区块链”中追踪到“账本”，从而保证数据的真实性和客观性。

（二）区块链技术在审计中的应用

1. 提高审计效率和降低成本

与传统的人工审计相比，电脑审计具有更高的效率。区块链技术确保了计算机审计的客观性、完整性、永久性和不可修改性，从而确保了审计的特定目的。随着区块链技术的出现，人们运用网络技术进行审计，使审计工作的效率得到了极大的提升，从而解决了以往审计证据无法及时证实，以及无法满足社会公众对审计证据真实、准确要求的问题，满足了治理层了解真实可靠的会计信息，实现了对管理层有效监管的目的。在传统的审计中，要通过专业的审计师使用问询的方式，对公司的有关财务资料进行函证，这就导致了审计的时效性不强。而随着计算机的出现，特别是区块链技术的出现，因为区块链没有管理数据中心，具有不可逆性和时间戳功能，审计人员和治理层、政府、行业监管机构可以通过区块链及时追踪公司账本，从而保证审计结论的正确性；计算机自动汇总计算，也确保了审计工作的快捷高效。

2. 审计重要性的变化

审计重要性在审计学科中占有重要地位。传统的审计工作要求在审计方案中以审计重要性指数为基础，对财务数据进行核算，确定各种财务指标，计算重要程度和数额，并用人工审核查出会计工作中的错误，评估错误报告的数额是否超出了重要程度，进而决定是否要进行进一步的审计。而在计算机审计环境下，可以进行基于账目的详细审计，对分析性审计技术的需求较低。

3. 不同的内部控制内容和方式

传统的审计多是基于系统的审计，更多地使用概率统计方法，以解决审计效率和效益之间的矛盾。尽管有了区块链技术，计算机审计的安全性得到了很大的提升，但是由于计算机审计的特殊性，传统的内部控制方法依然是必需的，但是它的内容已经发生了改变。内部控制评价方法也更多地参与到对内部控制环境的评价，在整个流程中采用了视频监控的实时监测。

（三）区块链技术对于审计的影响

1. 对审计证据的影响

审计证据用作审计人员和审计机构，以生成审计工作底稿，形成审计结论，发布审计报告的根据或理由，必须要确保其充分性和适当性。利用区块链技术，所有交易信息都会被“矿工”打包，实时同步到整个区块链中。审计人员作为一个节点需要了解过往交易，都可以通过区块链下载交易信息查询到。由于被写入区块链中的交易都是受到全网节点检测和认可的，因此获得的作为审计证据的交易记录的适当性可以得到很好的保证。这为审计师在审计工作中审核被审计单位的相关经济活动的公允性创造了条件。例如审计制造业，注册会计师在充分了解行业背景和企业实际情况后，从原材料到在产品，再到产成品的所有方面，将交易活动中所产生的各项交易费用支出都如实地记录到区块链中，分散了审计结论取决于审计证据真实性的风险，保证了审计证据的充分性、适当性。审计证据的形式也发生了巨大的变化，传统审计证据通常以纸质证据为主，如原始凭证、领料单、银行对账单、单位内外记账凭证等。由于区块链技术的出现，企业之间的交易在网上进行，相互之间的交易记录变为了非纸质的数据，审计由传统的交易数据核对变成了对数据信息的追踪。

2. 对审计程序的影响

审计过程是指审计工作的顺序以及在工作中所用的审计方法。传统审计主要是事后审计，交易事项只能在资产负债表日后被动地检查；区块链审计将事后审计与事中审计、事前审计相结合，实时监测被审计单位发生的交易，增强了审计的预测性，能够识别出与其他相关信息不一致或与预期数据显著偏离的波动和关系。从静态审计到动态审计与静态审计相结合，从现场审计转变为现场审计与远程审计相结合这一巨大变化，为审计人员追踪交易信息提供了便利，并且可以通过区块链来实现动态审计和远程审计，避免了审计工作重合的现象出现，实现了审计资源的合理分配，确保了审计证据的质量，加强了审计工作的效率。

3. 对审计人员和审计组织的影响

独立性是注册会计师执行证明业务的必要条件之一，这是由于注册会计师要对被审计单位的财务状况进行调查分析，搜集充分、恰当的审计证据，进而出具审计报告。在此基础之上，进一步保证被审计单位公布的财务信息是真实、公允的。在外部，企业利益相关者主要依靠经过注册会计师验证的财务数据判断显存和潜在的风险，并通过其选择恰当的机会对企业进行进一步的投资或者是撤资。如果注册会计师与客户之间不能保持独立，审计结果就很难为社会公众所接受，例如跟客户之间存在着错综复杂的关系或者是存在外界的影响。社会公众认为，形式上的独立和实质上的独立对于注册会计师是十分重要的，即独立性的两个具体的方面。区块链技术中使用的非对称加密技术是确保交易人匿名性的重要保障。利用区块链技术，审计人员不再需要从企业内部获取会计资料及与其相关财务状况的经济信息，可以直接从区块链中提取被审计单位的有关交易信息，将之作为审计证据生成审计工作底稿。区块链具有不可篡改的特点，并且写入区块链的信息经过“矿工”的验证和确认，是各方均认可和信赖的数据。这一功能可以最大限度地减少审计人员与被审计单位之间的联系，以确认获得会计信息的真实性、公正性和有效性。

4. 对审计成本的影响

在审计活动中不可避免地会产生一些费用，获得审计证据所花费的支出在审计活动的总支出中占到了很高的比重。实施审计方法时有成本费用。在传统审计方法下，有必要通过审计师对被审计单位的内部控制系统进行控制性测试和实质性测试，运用调查法对公司有关会计资料的可信赖程度进行函证，但是运用这种方法需要较长的等待才能够得到有关证实，无论是在审计时效性，还是在审计资源上都存在着极大程度的占用。信息技术审计时代，特别是区块链审计技术出现之后，审计进入大数据时代，分布式会计记账系统可以实现各区块链之间数据的实时跟踪。区块链的不可篡改的特性能够保证这种共享的可靠性，其安全维护成本较为经济。区块链的去中心化这一特征，使得不存在单一的数据管理、处理方，区块链系统具有时间戳功能，审计人员和企业拥有者，企业、政府、行业管理相关人员以及有关行业监管机构可以通过区块链跟踪公司账簿数据，从而能够确保审计结果是真实可靠的。

5. 对数据储存方式的影响

传统的计算机审计技术要求在被审计实体中设置服务器以储存被审计实体的会计信息。审计人员进行审计时，首先需要输出数据，然后使用审计软件分析被审计单位的数据，并将审计证据作为发布审计报告的客观依据。在传统计算机审计模式中：一是数据由被审计单位保管，存在着擅自修改造假的可能，不能保证审计数据的真实性；二是企业随着社会的进步而不断向前发展，企业所涉及的领域越来越多样、涉及的交易越来越广泛，交易数据庞杂多样，因此数据的日常维护、整理的难度也会越来越大；三是企业交易的增多会占用企业大量内部计算机资源，耗费也随之增加。区块链技术改变了互联网审计数据的储存方式，可以提高审计数据有效应用程度，同时降低审计工作的费用、相关运营的成本。国内一些专家、学者认为，目前的联网审计成本主要由两个部分组成：一是初始投入成本，是指在审计工作开始前就要投入的成本，以保证审计工作的正常进行，例如，数据存储服务器和安置服务器所发生的占用场地成本，这两者占据了很大的部分；二是后续维护成本，是指在审计工作进行中，为保持审计工作的持续进行而发生的成本，其中为硬件维护而发生的费用占了很大一部分。现阶段互联网审计将数据存储于主体单位的数据存储系统中央服务器中，有容易受到外部恶意攻击、存储负荷大、访问数据时需要连接到主体数据服务器上等缺点。具有“防篡改、透明性、去中心化、公开性”特点的区块链技术，不需要主体单位买入中央服务器，不需要相应的硬件购置费、设备安装费、专业数据维护相关工作的培训教育费和产地租赁费等一系列相关费用支出。区块链技术相比于联网审计的中央处理器，具有更加卓越、出色的性能。分布式记账机制使得每一个节点都会保存交易数据，不用担心某一个节点遭受恶意攻击而导致数据丢失情况的发生，其不可撤销的特点可以有效地保证审计数据不被篡改。

6. 对审计人员专业素质与技能的影响

审计人员作为审计工作实施的主体，必须具备与审计工作相适应的技能，努力做到将新技术应用于审计工作。传统审计技术以书面资料的核实、检查为主。计算机审计技术的发展，将审计人员从大量而庞杂的数据处理工作中解放出来，审计工作中大量重叠性、机械性工作被机器取代，保证了审计质量，提高了审计效率，简化了审计的有关步骤，使得审计工作进入一个更为高效的处理阶段。对计算机的熟练应用已经成了每一位合格审计工作人员的必备技能。但是随着互联网技术的进步，无论是信息种类还是信息的数量都出现了爆炸式的增长，各种新型技术不断涌现，审计人员不能故步自封，坚持自己原有的有关审计知识体系，更应该在公司治理、计算机编程、计算机数据处理方面充实自己。

区块链技术可以很好地满足现阶段大规模网络审计数据的分析和处理需求，其本身独有的优势也能够满足联网审计中的高效数据处理与分析，以及联网远程审计和实时审计的需求，因此，在审计行业中应用区块链技术，能够给审计工作带来广阔的前景。

（四）区块链技术应用于审计的可行性

目前，区块链技术已经展现出重心向现实生活领域倾斜的趋势，其中区块链技术应用于审计就是一个必然的趋势。虽然审计并不是区块链技术的核心，但是区块链技术的原理、特征与审计的特点是十分相近的。因此，在审计行业中应用区块链技术，能够给审计工作带来广阔的前景。

1. 交易信息的审核与认证

可以将区块链技术应用于交易信息的审核与认证。参与记账的节点都将各自保存已发生的全部的数据信息，而且区块链具有非常出色的订正能力，对于会计信息的确认必须得到全体网络节点的认可，会计要素确认的准确性和一致性得到了充分的保证。记录到区块链中的每一笔交易记录都要经过节点的审查，进一步判断其公允真实；每一个区块中都包含着时间戳；区块链可以让影响测量属性的因素都相对透明，可以提供全面、准确和客观的基本信息；区块链可以减少审计人员的取证工作；区块链技术的使用可以很好地解决由于缺乏信息披露或证词信息而导致的数据欺诈问题。

2. 追踪资产所有权

审计重要的一个环节就是验证资产。在公共资产管理领域运用区块链技术，政府可以将资产折旧与修理发生的相关费用以及每一笔资产交易信息都记录到区块中，并成为一组不可篡改的真实可靠信息，同时可以有效地实现资产的公开性和透明性。审计人员可以通过分布式记账系统网络来查询资产的所有权，了解资产的来龙去脉，审核每一笔与资产有关的交易，评估资产的公允价值。在这样一个系统中，关于资产的一切变动都展现在审计人员的面前。

3. 实施智能合约

智能合约首次由 Nick Szabo 于 1997 年提出，这意味着在系统中设置一些条件，当交易方符合并触碰到这些条件时就可以自动生成合约，进而执行义务履行责任。智能合约设置简单，在区块链系统中有现成的合同，新手使用时仅需要对其中个别数据进行修改。智能合约会减少不必要的中间商，提高交易效率，去中心化，不会出现由单方控制资金的情况，在区块链平台上就能够实现资产所有权的转让、更改。实现这种转变有着十分重要的意义，重点在于区块链平台具备对数字资产的登记且有转移功能，这对于内部审计具有非常重要的意义。

三、区块链技术对财务活动的影响

（一）提高财务活动的效率

1. 实现更加便利的直接投资和筹资

在传统的融资方式下，融资成本较高，需要银行等中介机构的介入。区块链技术出现后，互联网财务迅速发展。早期的时候，主要是由第三方金融机构来完成，而区块链则是一种新型的点对点融资方式，用户可以在互联网上下载一个区块链的应用程序，比如投资、理财、融资等，将交易、投资、融资的时间从几天、几周缩短到几秒钟，并能实时地了解投资红利的记录和支付，让这些环节更加透明和安全。

2. 改进交易磋商的效率

传统的商业谈判通过人员的实地沟通，协商商品的价格、时间、交货方式等，最终达成一份书面的协议；而在互联网环境下，因为区块链技术可以确保网上沟通的真实、安全、有效，通过在线视频协商，通过网络传输协议，通过区块链技术来验证合约的有效性，从而极大地提升了企业的执行效率。

（二）对财务成本的影响

1. 简化业务流程，节约业务费用

由于采用了区块链技术，可以实现点对点的交易，可以与 ERP 财务软件配合，实时更新电子商务的交易和财务数据，无须银行等中介机构，可以解决双向付款的问题，特别是在跨境业务中，可以减少佣金和手续费用。

2. 降低了信息获取成本

随着互联网的兴起，人们开始利用互联网进行商务活动，开辟了一种新的商业模式，商家可以轻易地从网上获取商品的信息，而利用区块链技术对各个独立的业务进行监测，寻找投资商，进行重组，或者利用区块链技术为公司提供资金来源，获取更多的投资回报。可见，使用区块链技术可以减少获得财务信息的费用。

3. 降低信用维护成本

互联网上有一些企业之间的财务数据，需要花费巨大的维护费用。区块链技术是一种去中心化的信用跟踪系统，可以通过区块链来检测企业的交易记录、信誉得分以及其他社会经济要素的可信度，交易方可以通过网上数据库查询企业的财务信息，对任何交易对手进行身份认证，大大降低了维护的费用。

4. 降低财务工作的工序作业成本

企业的财务管理和会计监管是一个复杂的过程，每个过程都需要投入一定的资金。要做好企业的财务工作，确保财务数据的真实性，就需要应用区块链技术，减少财务操作的流程数目，节省每个工序的时间，确保财务工作在安全透明的环境下高质量、高效率地完成。

四、区块链对会计的影响

（一）区块链对会计核算的影响

目前来说，核算和监督是会计人员的两大基本职能，通过对特定主体经济活动的确认、记录、计算、报告等环节审查其真实性、合法性、完整性。大数据时代的到来，尤其是区块链技术在会计领域的应用，将对会计从业者的职能规划产生影响，侧重点从财务会计转向管理会计。区块链层次与会计业务的结合使会计人员的日常不再被做会计单据、记账、报告、归档等基础且琐碎的工作填满，可以把大部分精力放在数据管理分析、企业规划方向等专业性更强的地方，进一步检测会计人员对数据的管理能力、掌握能力，以及对数据变化的敏感度。

区块链的数据交易采用密码学的方式保证数据信息的真实性和可靠性，改变了以往点对点式的传导方式，节约了交易成本，提高了信息质量安全，降低了个体因素和主观因素造成的数据偏差，维护了财务系统的稳定。

1. 影响会计计量属性

对会计确认对象量化的过程称为会计计量。目前，会计计量（货币计量）不管是采用历史成本计量，还是采用公允价值计量，货币自身价值及其转换过程都会对计量的准确性产生影响。区块链价值币就不会有这个烦恼，它的总量由程序和加密算法预先设定，不受人为控制，使得币值更稳定，从而提高了会计计量的准确性。

在现行会计信息处理系统下，影响会计计量属性的各种因素无法提供全面、客观、准确的信息且过程烦琐，影响会计公允。区块链在时间轴上对历史交易的连续追溯和对未来交易的无线延展的技术保证每一个参与交易的节点都独立储存着与交易有关的所有数据，系统中全部的节点追踪着每笔交易进行的生成、更新、确认，影响公允价值的每个因素的发生都会体现在分布式账簿中，同时保证了历史成本、公允价值、可变现净值和现值等计量属性信息的全面性、专业性、准确性、客观性，合理提供了技术上的保障支持。

2. 影响会计记账方式

区块链的分布式记账模式与当前 ERP 集中式记账有着本质区别。ERP 信息管理的设计理念是不同权限属于不同职级和不同岗位，上级监督下级子账簿，通过层层授权、审批和复核保证各终端、次中心、中心的管理职能的可靠性和规范性。ERP 中节点和节点的地位不平等，不同地位有不同权限，有且仅有一个最高权限分派者。以管理权限为基础的集中式记账模式是授权机制，最终形成中心化账本。而在区块链技术分布式记账模式下，不区分总部和终端，每个节点和节点之间的联系靠共识机制维系运行，不需要授权机制。因此，总账、分账、子账、并表等中心化账本下的概念不存在于分布式记账模式。区块链中只有收到邀请函的人才能访问，只要进入系统就可以共享信息、审核信息，财务人员和业务人员都有权限进行交易的账目登记、结算等操作。区块链也许能颠覆以往的复式记账法，将借贷记账的双向记账法简化到单一汇总表格，省略中间环节，提高会计工作效率，尽早实现财务业务一体化。

3. 影响会计数据存储方式

区块链数据来源于不同职务的多个参与人员，业务人员和财务人员都可以进行数据记录，对此承担的责任与义务也是相等的，当前采用的 ERP 系统是不同职级、不同岗位拥有不同权限，必须接受上级监督、授权和审核。

现在的会计信息系统中采用的是结构化数据库，而区块链系统中按时间顺序记录着交易信息，既有强大的追溯能力，又无第三方介入。区块链与现行会计信息系统最大的不同就是其本身为去中心化的数据库，不需要第三方机制对数据进行时间顺序的记录，对会计数据信息的储存势必造成影响。

4. 影响会计基础业务

在现行 ERP 信息管理系统下，手工被信息化取代，却没有实现自动制证，互联网的应用只是在内部信息的简单交流和数据的录入两方面。

举例来说，常规的会计操作中的报销和制证，现行的系统设置主要是把会计核算前期工作挪到业务人员身上再由财务人员填制会计凭证，紧密联系的制证过程被切割为两部分。区块链技术下，可以实现自主制证，将企业内部管理信息系统与外部交易信息系统的自动连接方面的阻碍打破，所有交易都可以追溯到交易源头，管理审批权限设置变少。同时伴随着电子支付的普及，信息交流技术可以逐步代替与日常报销有关的财务核算，例如一笔经由电子支付的机票购买和使用个人信息办理登机手续的开支，在登机口被验证出行的行为一旦确认，便立刻传递到了行为人工作的财务信息系统，系统就能自主生成信息记录，并将出行费用及补贴转到行为人账号。整个交易过程中核算和审核完全由信息系统自主完成，特别是其中的制证过程完全依靠设定的规则自主进行，以事实发生确认支出，节约了人力成本，降低了伪造可能性。过去分割的业务活动和会计行为联系在一起，完成了自主审核、自主记录和自主支付的财务信息系统的目标。

（二）区块链对会计监督的影响

会计监督是会计的基本职能之一，处于经济监督体系的重要一环，对于规范市场环境和秩序有重大意义。随着现代科技的发展和经济技术的需要，会计环境和条件在不断变化，对财务信息质量要求越来越高，会计监督工作需要发挥更多的效用，通过现代科技信息技术来加强财务监督，防止会计弄虚作假行为，维护社会诚信是大势所趋。完善会计监督体系应用和加强数据技术创新迫在眉睫，会计监督体系必将受到区块链的冲击。

1. 影响会计信息质量

区块链的分布式记账系统使虚假的信息无法得到其他参与者的认可，同时也无法验证匹配其他区块的数据，从而无法录入，从根源上保证了业务信息的真实性。数据在全网监控下篡改不可能被接受，每一条记录都要匹配上相应的记录节点，增加了信息质量的可靠性，保证了信息数据的可追溯性，从而保障了业务信息数据链的完整性。

2. 影响会计工作独立性

在现行 ERP 信息管理系统运行下，各级层都可能尝试利用信息不对称的庇护而在自己的职责范围内操纵财务信息数据，也就是说高层管理人员拥有相当大的舞弊机会。管理权限越大，可操纵性越高，舞弊后果就越严重。区块链公开透明和不可篡改的特点有效抑制了利用权限谋取私利。在实际工作中执行业务时，高层领导往往会施压给会计人员去做一些违规行为，但在区块链下，严密的监督氛围使得任何人员不能随意修改数据信息，提高了财务信息的稳定性和可靠性，很难发生受外来权力的胁迫来做假账等不合理的行为。同时在区块链技术下，财务信息记录权限不专属于某个人员、某个岗位、某个群体，财务信息由全部交易参与者共同记录，不能随意篡改，很难受外界因素影响，提高了会计人员的独立性。

3. 影响审计效率和监督质量

区块链储存数据的链式结构的时间戳加密保证了真实信息是某一时刻确实必然存在的，消除了很多不必要的信息核对验证，且通过私钥访问的财务信息具有唯一性，社会审计机构的工作量大量减少，提高了审计工作效率。信息需求方可以通过公钥获取由社会审计机构加密后的审计报告。区块链的时间戳可以保证数据信息的不可篡改和可追溯性，违法犯罪行为更容易被发现，审计师由于顾及后果也不会违背职业道德出具虚假报告，在源头上大大提高了社会审计的监督质量。

（三）区块链技术下会计改革的建议

1. 区块链与会计业务的场景应融合

区块链以区块为单位对数据信息进行确认、计量、记录、报告，改变了 ERP 信息处理体系结构，是对会计业务的一项重大改革。区块链的应用可以分为三个层次：第一，简单数据应用，直接储存数据，作存在性证明；第二，结构化应用，用来处理复杂的逻辑数据，通过主链和副链编码进行索引和储存，如身份认证；第三，处理流程，需要操纵多个主链来完成操作，如不同币种之间的兑换需要不同的主链来配合完成挂单核验转账等多环节操作。从会计的角度来说，这三个层次刚好可以被应用到会计的四个基本程序中，以改变传统体系结构。

（1）确认方面。区块链在时间轴上实现了对历史的无限追溯和向未来的无限延伸。比如一个基于区块链的智能数据软件，当收到某笔资金、增加智能资产，在月底和年底进行税款缴纳，区块链存储这些数据的变化，到未来某个时间发生或到未来某个时刻区块可以被触发。同时每个节点都是完整数据的备份，少部分的错误影响不到全部的信息质量且篡改信息容易被发现，具有强大的纠错能力。交易的确认需要得到每个节点的认可，可以充分保证会计要素的准确性和统一性。

（2）计量方面。区块链下数据信息的确认、交易、清算呈链式分布，区块链的货币总数是预先设定的，不会受货币转化和自身价值的影响，在计量方面更稳定。同时分布式记账方式使影响计量的因素相对透明，同为计量属性的公允价值、历史成本、可变现净值和现值等在区块链上更透明公允，能共同提供全面、客观、准确的基础信息，信息数据的标准化和时间戳为计量提供了技术支持。

（3）记录方面。“双花问题”即双重支付问题。为了解决这个问题，会计信息系统中需要设立总账从而省略了各个会计项目的变化过程和直接反映各会计项目的总体变化。区块链的时序性保证了数据信息是按时间顺序保存的，并且所有的交易都要对外进行公布，因此，只有不重复的交易才会被其他的区块认可，“双花问题”也就不再是问题。不同于 ERP 信息管理结构，把所有的信息搜集到一起再进行梳理的记账方式，创造了去中心化的分布式记账系统，将以往的总账簿打碎，消除了总账的存在，对数据信息进行分布式管理。分布式管理控制重要会计决策，会计数据信息的校验由代码表示的规则进行处理。对数据的“前因后果”进行追踪，更新数据的可靠性可以被追溯检测，增强数据信息的“活性”，保证了数据信息的质量，降低了会计舞弊与差错，促进了信息质量管理的良性发展。

（4）报告方面。会计报告的环节，现行的会计信息管理系统一般是在固定时间固定披露会计报告，通过区块链的应用融合，财务报告可以主动披露，从以人为主的查找信息转变为以信息为主的定制输出，同时改进了传统互联网上的信息零散性，并且所有的网上用户均可以零成本实时获取全部信息，解决了信息不对称造成的风险。密码学的应用保证了在区块链的数据信息虽然是公开的，但有自己的密钥，即某个用户在某个时刻获得相应的信息前必须输入正确的“密钥”，“匹配席位”机制可以有效防止用户越俎代庖。

如果将区块链技术引入会计行业里，将对会计基础工作大大减负，会计数据管理机制的改良使其前途一片光明。但是，在应用过程中也存在着许多问题，技术的对接、结构的不匹配、过渡阶段的尴尬期等，都需要做好统筹准备，有的放矢。

2. 会计基础业务重新架构

目前，国内企业的财务会计系统普遍实行集中信息管理模式和总账系统，对企业控制下的所有财务资源进行核算。现行 ERP 信息管理系统下，还没有实现自动制账，只是信息化代替手工账，表现为制证前期准备工作由业务人员完成。例如，报销和制证是日常的财务工作。ERP 信息管理系统的建立是将会计科目的编制分为两个环节，即为经办人员填制报销单和为财务人员编制会计凭证，要求业务人员取得数据，打印报销单，粘贴发票等回执，单位领导审核签名，网上预约，将单据发送到柜台。整个过程有五个弊端：第一，没有实现自动制证；第二，容易出现业务后报销前规定不一致，业务人员不知道，会计人员表示单据要更多签字确认保证；第三，会计程序烦琐，增加了会计人员和业务人员的工作量；第四，与对外部交易体制没有联系，舞弊风险提高；第五，管理授权复杂烦琐。这将对会计基础设施产生重大影响。

区块链的应用需要会计人员配合对业务信息系统进行全面梳理，并根据业务信息系统数据字典和业务样本数据对业务系统数据进行分析，实现与业务系统位置对应的每个细节数据项的具体位置，业务处理规则与代码程序的完整接轨，并通过样本数据证明其有效性。此外，在数据应用集成中，需要不同的业务系统来支持数据细分。一方面需要对数据进行细分和扩展，另一方面需要保证区块链的正常运行，在不影响原有业务系统的运行的情况下，方便大量详细的数据检索、共享、复制和传输的共享。

3. 提高会计业务数据资源管理能力

可靠的数据是市场经济中最具竞争力的工具之一。它也是企业会计核算和财务价值的来源。会计行业想要更好地应用区块链技术，数据管理能力的提高是不可避免的。区块链技术提高了会计的处理流程的整体效率，但也对会计数据信息管理能力提出挑战。目前会计处理流程周期较长，业务完成后进行报销和审核，报销过程中需要上级审批，由于制证过程的分割，给数据的修改和调整留下了足够的空间和时间。一旦应用区块链技术，自动制证的实现缩短了会计业务处理时间，审计、税务等后续业务几乎同时完成，在这时如何保证数据的可靠性、准确性和及时性是一个极大的难题。区块链技术应用到会计业务中最关键的是如何保证数据质量。

通常，影响数据质量的因素主要有四个方面：过程因素、人为因素、信息因素和技术因素。为了保证数据的安全性，需要从数据采集、主数据生成、数据梳理和整合、数据清理等阶段进行规划。

（1）数据采集阶段。无论是人工生成还是智能数据采集，都要建立数据检测模块及支持工具，兼顾效率，防止批量数据中的非法和冗余数据，减少出错的可能性，保证数据输入的真实性和可靠性。从源代码获取区块链数据。

（2）主数据生成阶段。主数据是用于描述核心业务实体的数据。这些领域的数据质量在一定程度上决定了区块链运营过程中关键指标的完成与否。由于开放账户和链币交易的不可逆性，为了保证所有主数据的质量，对实时数据监控和标准符合性检测的要求更高。为保证数量特征已达到较高的验证水平，对现有数据管理提出了更高的要求。

（3）数据梳理和整合阶段。为了设计一个清晰、全面、统一的数据标准和数据定义系统，用户必须同意数据标准和数据定义，并考虑到维护文件应根据可能改变标准，建立相应的修改策略，应当按照相关规定的重要性以及应用的范围、程度的相关性和界面的复杂性进行细化应用，并在此基础上考虑不同的时期和不同的目的。生成的数据要在一定程度上进行集成和清理。在集成过程中，应该及时跟踪、确认和修改相应的数据处理验证步骤和原始数据聚合验证步骤。

（4）数据清洗阶段。通过数据清洗，数据中存在的错误和不一致性都会暴露出来，以更全面地保证数据的有效性。结合特定应用领域知识或者专家知识库的数据清洗过程，最好可以通过人工干预、自动化工具以及数据转化等技术手段来完成。

4. 提高会计人员自身能力

随着社会经济的不断发展，会计职业对高素质人才的需求不断增加，大数据时代区块链技术下庞大的信息数据需要更多管理会计人才去解析，同时在分析时需要更多专业技术人才去深入挖掘财务数据，在一定程度上导致人才的紧缺。

（1）及时应对变化，调整会计职能。基础的会计信息问题，用区块链技术解决之后，财务管理能力成了会计人员必备素质，数据信息技术的发展对高素质会计人才的需求只多不少。区块链技术夯实了关键信息的基础，突出强调了会计人员的管理能力。新时代背景下的考验要求会计人员应掌握更多管理会计的理念，学会站在信息决策者的角度整合和管理财务信息，继而分析决策。

（2）较高的财务决策能力。降低了传统财务会计与审计的成本之后，能预测趋势，做出财务决策的人才在行业中更吃香。区块链技术是在有限条件下所能提供出相对全面且客观的技术，就算再完备也终究只是数据的汇总，没有分析和思考能力。真正的全球经济市场形势错综复杂，机器的模拟能力捉襟见肘，真正全面的财务决策还需要会计管理人员利用财务、管理知识，综合评估风险、价值等考虑各方因素之后再做出。

（3）完善知识体系，培养综合型人才。区块链应用在会计方面需要系统地培养会计人才，会计人员除了应有的会计专业知识，更应该加强计算机数理统计等方面的学习，培养综合型专业性突出的跨专业会计人才。在知识体系的完善中，要加强实务课程的占比，不仅仅局限于书本知识，而是有更多实务动手的机会。通过完善多学科交叉的知识体系，构架程序算法化思维，使其能够在未来与财务程序更好地协同工作。此外，信息技术变革新时代要求未来的财会人员了解财务程序的系统构建和维护，以及内在软件的逻辑算法，使其能够适应财务处理的新思路。

（4）提高职业道德标准，树立正确职业态度。区块链的去中心化及去信任化是建立在只有掌握51%以上的算力才能掌握整个系统，而并非单个组织或者个体。错误数据不录入区块，并不代表错误数据的不存在，这就对会计人员的职业道德标准提出了更高的要求。会计职业道德标准是保障企业财务管理稳定运行和发展的基础，是会计人员工作的依据和责任，在财务管理过程中要求会计人员时刻铭记会计行业道德标准，并根据标准进行相关操作。当大多数会计人员缺少良好的职业道德素养时，无疑会对经济行业的发展造成严重打击。信息时代更是信任时代，如今的社会环境对会计人员提出了更高的道德要求，熟悉相关法律法规和道德规范变成了会计人员的首要要求。工作中会计人员要时刻提醒自己所承担的责任，意识到违法乱纪的后果，自觉遵守会计行业制度，“扣好第一颗扣子”。实际生活中遇到的各种诱惑和困难要学会自我调节，不做违法乱纪的事情。其次，对工作客观公正、实事求是、不弄虚作假欺骗大众。会计人员工作的真实可靠性直接影响着企业的经济效益，客观公正的报告和规划直接影响着现代企业的财务管理。同时，恪守信用、严格保守行业以及企业机密，这是现代财务管理的要求，保持良好的信誉，高端会计人才才能够被企业认可和接受。最后，尊重热爱所从事行业，摆正思想态度。强烈的职业责任感和踏实地落实本职工作，不仅是会计人员的本分，更是信息时代的要求。

第五节　网络环境下的财务管理

财务管理在企业中占有举足轻重的位置，而财务管理要更好地适应公司的需要，使其在企业中的作用得到最大限度的发挥，从而促进公司的发展。在网络技术快速发展的今天，传统的财务管理已经很难与之相适应，并对其产生了很大的影响。为了使财务管理更适应现代企业的发展，必须对财务管理进行创新。

一、网络环境下财务管理的优势

利用互联网技术进行财务管理，一方面可以提供更为精确的数据，方便数据的收集、整理、分析，从而极大地提高了财务管理的质量和效率，减少财务风险，为管理层提供客观、可靠、科学的决策依据，正确判断企业的经营状况，确定企业以后的经营方向；另一方面打破了地域、空间的限制，有效地实现了资源共享，既能够实现企业部门间的信息互通，还能够实现跨区域数据共享，企业可以及时获取运营数据，对企业的生产经营进行调整，实现财务与业务的协同管理，帮助企业在市场竞争中站稳脚跟，提高市场竞争力。

二、网络财务管理存在的主要问题

尽管网络财务管理具有诸多优点，但就当前的状况来看，网络财务管理仍然存在四大问题。

（一）网络财务管理的安全问题

尽管网络财务管理的开放性很强，但是其安全性也不容忽视。比如，财务主管没有把相关的信息及时存入磁盘、光盘中，如果计算机发生故障，就会导致财务数据丢失，从而影响到文件的查阅、查询；计算机病毒经常发生，计算机受到恶意攻击，很难确保财务管理工作的正常进行。

（二）网络财务管理的资料保管问题

1. 财务档案保管不规范

财务档案是执行司法程序的有力依据，应建立健全的保管体系。在管理财务文件时，存在许多不规范之处。有些单位除建立综合档案外，还在各职能科、股、室分别设置小型档案室，导致有些档案资料不能集中保存，丢失严重。有些单位在办理财务转账时，未对财务文件进行正确的管理，造成了档案存在乱借等问题。

2. 档案管理人员综合素质不高

有些单位缺乏对档案管理的意识，没有加大对档案管理的投入，也没有按照规定配备专门的人员，而是由财务人员来进行。这些财务人员，对归档的基础知识缺乏系统的研究，对文件的归档质量也没有达到要求。一些档案管理人员的文化素质不高，文字表达能力差，对现代办公设备的熟练使用能力差，对现实问题的应变能力差。

（三）网络财务管理的审计取证问题

采用传统的财务管理方式时审计人员往往在账本上寻找问题，而凭证、账簿、报表等成为审计证据的重要基础，审计线索也很清晰。在网络财务管理中，传统的文件、纸的记录已经不复存在，所有的财务数据记录都是采用电子化的方式进行的。审计系统软件的开发还不完善，审计人员对审计证据的审核和取证缺乏科学的评价，导致审计所收集到的财务资料不完整，从而加大了审计的风险，影响到审计质量的提高。

（四）网络财务管理的技术人才问题

网络财务管理是网络技术与财务管理的有机结合，它要求财务人员熟悉财务、网络、财务法律等知识，并具有较强的网络知识和解决网络问题的能力。

三、实施网络财务管理的有效策略

（一）网络财务管理的安全策略

1. 建立档案信息的保密机制

财务人员在完成重要资料的处理后，必须立即清理存储器、联机磁带、磁盘程序，并将废纸及时销毁。要定期检查财务文件的安全保管期，并及时进行复印。

2. 实行财务主管保密制度

公司的财务主管要签署一份管理责任书，并做出相应的承诺，确保其在岗、离职后不会违规，不泄露公司的财务秘密。

3. 实施技术监督

构建一个安全的网络财务体系是实现网络财务管理工作的基础。公司的财务信息输入、输出及网络系统的维护，必须严格按照公司的运作规程，避免出现任何的安全事故。采用密码技术来解决密码分配问题；采用防火墙技术实现对外部存取的分级认证；采用数字签名技术和访问限制技术，以避免账务系统被非法操纵或人为干扰。

4. 建立健全法制保障体系

积极探索和制定网络财务监管的制度和标准，并对其进行规范。加强对违法违规行为的严厉打击，为网络财务管理创造一个良好的外部环境。

（二）网络财务管理的资料保管策略

1. 严格实行档案管理

会计人员每个月都要对当月的账单进行核对，核对是否有缺号、附件是否齐全，要在每个单据上打上序号，并按照编号的顺序将单据装订好、贴上标签，最后附上封套和封底。财会人员应在单据的封面上，将单位的全称和会计凭证的名称详细地填入，并盖上主管和财务主管的印鉴和公章。

2. 严格落实信息查询制度

按照《中华人民共和国会计法》《财务从业人员管理条例》的规定，企业要查阅已归档的会计信息，应当征得主管部门的批准。在查阅时，要做到不打开原档案，不得将原件外借。未经单位领导同意，不得查看原件，不得拷贝原件，不得私自带走原件。

3. 建立健全安全管理体系

会计档案的保存与销毁，应严格遵守有关会计档案的管理规定，不能任意破坏。已保存到期的财务文件，如有必要予以销毁，应按有关规定，经审批后予以销毁。

4. 严格执行系统更新和数据备份

在日常工作中，财务主管必须严格执行信息备份制度，将财务数据及时录入 U 盘、硬盘，以便以后的查询和系统的恢复，避免不必要的损失。

（三）网络财务管理的审计取证策略

网上财务审计，是传统审计工作的一大进步，需要通过各种手段提高调查取证的质量。一是要建立健全的审计制度。为了使被稽核单位能够正确、高效地获得各类数据信息，建立资料库，将相关资料记录在案，以便在核查、取证时方便查询，从而改善资料和资料的质量。二是要对审计过程进行规范化。在审核之前，审计师应按照工作需要准备好相应的资料，以防止在审核过程中产生不必要的偏差。在完成审核后，要对有关资料进行认真的整理，以保证审计、取证工作的有序、规范化。三是严格遵守职业操守。审计机关要加强自身的学习，严格自律，做到公正、依法进行审计。

（四）网络财务管理的技术人才策略

1. 强化培训，提升职工的综合素质

高素质的复合型人才是实现网上理财的基本保障。第一，要有较强的职业素养，具备一定的文化、财务方面的知识，能够熟练地使用和维护网络系统。第二，心态要积极，在成绩面前要谦虚，要有很好的耐受性。第三，要有较强的交际能力、应变能力、观察能力，能与外部环境沟通，能冷静思考、认真分析、处理问题。

2. 健全激励机制，发挥员工潜力

要实现对人才的激励，必须以公平、合理的业绩评价为基础，要按照个人的特点和兴趣，科学地安排工作岗位，并在内部形成一个弹性的人才流动机制。要营造一个公平、公正、公开的竞争环境，营造一种相互学习、不甘落后的竞争氛围，激发员工的工作潜力和积极性，实现公司的目标。

第五章　大数据时代对企业财务管理的影响

第一节　大数据概述

一、大数据的定义

大数据的定义众说纷纭，迄今为止还没有统一的定论，受到普遍认可的定义有如下几种。

维基百科定义大数据是一种信息，其所涵盖的资料量庞大到不能通过目前常用的软件工具，在一定时间范围内达到搜集、整合、分析成为有利于企业进行业务活动决策的目的。国际数据公司对大数据的描述为，大数据是一个动态的过程，它并非新生的事物，也不是实体，它正在引起各行业及社会广泛的关注。我们可以看到，不同的学者、研究机构在定义大数据时都包含了两个方面，一方面是数据本身的特点，另一方面是软硬件环境的支持。

从字面意思上理解，“大数据”意味着数据量大、规模大、结构多样、类型多种，这是狭义方面。广义上的“大数据”不仅指数据本身，还指所处的大数据时代，包括大数据相关的处理技术以及组织架构，这也是目前学术界研究的主要方向。狭义上，可以从两个层面解读大数据：横向来看大数据相当于海量数据，规模庞大；纵向来看大数据包含的数据类型多样，不仅有传统的结构化数据（数据库、企业 ERP、财务系统等），更多的包含半结构化数据（邮件、报表、HTML、声音、图像等）和非结构化数据（图片、文档、音频、视频等）。因此，我们可以定义大数据为数据量大小远远超过以往的数据尺度，且形式多样，既有的软件技术很难处理的大规模数据。大数据的本质可简单归纳为：处理数据从而得到规律，并且利用规律提高效率。大数据可以更有针对性地应对问题，提高整体的工作效率，并且可以改善人们的生活质量。可以确定的是，大数据将大大提高财务会计工作的效率，但也会带来许多的挑战。在这个角度我们可以定义大数据时代是必须依靠新的处理工具和方法，建立在互联网、物联网等渠道所产生的大量数据资源基础上，进行数据价值的提炼和应用的信息时代。

二、大数据的基本特征

大数据是一种依靠新的解决方式，拥有更强的决策能力、洞察能力和流程优化能力的信息资产，可以顺应大规模、高增长率和多样化的发展。而大数据时代就是人们充分利用大数据资源，使大数据资源在各个领域充分发挥作用并且引领各个领域发生变革的时代。我们可以将大数据的特征总结为以下四个方面。

（一）量体浩大（Volume）

量体浩大是指大数据的数量及规模庞大。大数据时代，数据处理的基本单位已从MB、GB到TB、PB，网络科技的高速发展使得数据来源更加广泛，数据量的增长也呈现出质的飞跃，伴随社会形态的高速改变，数据增长如同爆炸一般。社交网络（微博、QQ、微信）、移动网络、各种智能工具、服务工具等已经成为数据的来源。预计未来十年全球数据量将增加到现在的60倍。

（二）数据种类多样（Variety）

数据种类多样是指大数据的结构类型多样化，不仅包括过去运用较多的结构化数据，在大数据时代，半结构化数据和非结构化数据显现出大幅增长的势头，网络的普及让数据的产生和传播更加方便和快速，邮件往来、音像、图片、视频等信息能更便捷地服务于用户。数据多样化产生的原因主要源自两个方面：一是数据自身存在多种结构类型，这是网络信息时代发展的必然趋势；二是我们需要从数据中了解的信息越来越多，挖掘其价值的需求也越来越大，传统的结构化数据难以满足，因此半结构和非结构化数据应运而生。

（三）高速流动（Velocity）

高速流动是指大数据产生和流动的速度很快。大数据时效性很高，价值信息存在时间很短，这就要求快速有效地将其中有价值的信息提取出来。大数据的存在是以数据流的形态，企业用户只有把握这些海量数据的动态才能够在数据竞争中取胜。

（四）价值密度低（Value）

价值密度低是指大数据的价值巨大，这也是大数据的核心特征，每天产生的大量数据只有很小一部分数据是有价值的。但由于数量庞大的稀释作用，加之数据流动性强难以捕捉，使有效数据比率降低，因而价值密度变低。以音频数据为例，连续不断的两个小时，也许我们需要的有效信息只是其中的1秒。因此在大数据时代，如何“去粗取精”提纯数据，这个问题迫在眉睫。

第二节　大数据时代对企业财务管理的积极影响

一、大数据对财务管理提出的新要求

随着人类时代背景的不断演进，大数据时代的到来决定了企业的发展步伐必须紧跟时代的发展和进步，与时俱进、及时创新。作为时代发展的必然产物，财务管理工作的开展必须与时代同步，必须在一定的时代背景下进行完善，因此，大数据时代的到来对财务管理工作提出了新的要求。

（一）财务管理工作应收集并存储更多的具有多种结构的数据资料

信息时代的发展所带来的大数据所蕴含的价值是无法估量的，其中所包含的各种有用信息也是无法估算的。大数据技术为全面地反映企业的经济业务所需数据资料提供了便利条件。企业通过有效地收集各种大数据，帮助企业有效地提高市场占有率、成为企业抢占竞争优势的一种必然趋势。企业的财务管理部门作为直接与各种数据、资料、信息相接触的部门，如果能更好地利用这种大数据时代所创造的大量的数据资料，就会为企业的信息使用者提供第一手的信息资料，便于企业进行各种决策。因此，这就要求企业的财务人员必须能够熟悉信息技术，能够快捷地、准确地从众多数据资料、繁杂的数据形式中探寻到有价值的数据，用以全面反映企业的经济业务的发展状况，消除信息不对称产生的问题。例如，随着市场经济的不断发展与完善，在微利时代成本的高低将成为企业获利的关键性因素。在大数据时代，专业的成本分析与控制人员，不仅要具备丰富的、扎实的财务专业知识，还必须对企业的各项生产工艺流程、生产环节、企业的内部控制流程等进行了解与高度关注，对各种指标及时进行把控（如生产效率、产品报废率、各种产品成本的差异、各种费用的使用情况等数据指标），在成本控制系统的帮助下充分挖掘相关成本数据，并对成本数据进行合理的分配、归集、构成分析等，从而为企业成本的有效控制奠定基础，为企业的决策提供帮助。

（二）财务管理工作应更加关注非结构化数据带来的价值

目前，各企事业单位的财务管理中主要是针对具有结构化的数据进行各种处理，现代计算机技术的发展、信息技术的发展、网络技术的普及等都为财务管理人员进行结构化的数据处理提供了便利，在这方面已经基本趋于成熟。财务人员对于结构化的数据计算、汇总、统计等工作已经非常娴熟，即使是在遇到较大的数据量时，也能在相应的商业软件的协助下完成这些工作。但是，随着信息时代的不断发展，很多半结构化、非结构化的数据和组件成为数据界的主流，这种本质上的取代和飞跃不仅仅体现在数据量的变化上，更充分体现在数据所产生的价值中。因此，这就要求财务管理工作要想真正从海量的数据资料中找到具有丰富价值的数据，就必须充分分析这些数据的价值，并努力从中挖掘非结构数据，数据价值挖掘得越多越能为企业的经营发展带来竞争优势。

（三）应不断满足财务信息使用者的个性化需要

财务管理工作是一项为企业经营者提供决策信息的系统化工程，随着社会主义市场经济的不断深入发展，各企业面临的市场竞争日益激烈，企业的各利益相关者对于经营决策的科学性、正确性、适用性等方面的内容越来越关注，这也就引发了企业财务管理工作目标的变化，并逐渐完成了由经济管理责任向决策责任的转变。随着大数据时代的到来，云计算的应用，数据信息容量的增加，信息使用者的需求逐渐变得更加多元化、复杂化、个性化，而这些要求对于财务管理工作而言是难以预测的。随着大数据时代的发展，企业的决策者更加关注财务信息的个性化发展趋势，这对传统的财务管理工作是一次重大的挑战。财务管理工作在大数据时代的改进中应努力遵循这一基本原则，采取积极的措施来应对这种不确定性。

（四）有效提升财务信息的准确度

在传统的财务管理工作中，企业的财务报告的编制主要是建立在基本的确认、计量、记录的基础上的，由于技术手段的缺乏与不完善，企业的财务数据、相关的业务数据作为企业管理中的重要资源，并未将其价值充分发挥出来，也并未引起足够的重视。特别是有的企业在进行决策时由于受技术条件的限制，对于决策需求的数据信息并未及时地、充分地收集、整理、分析、评价，导致数据的使用效率偏低，从而影响了企业财务信息的真实性、准确性、精确性、可用性。例如，很多财务管理的数据在为企业生成财务报表后就失去了它的作用和价值而处于休眠状态中。但是，大数据时代的到来，促进了技术的发展，企业可以高效率地处理、整合各种海量的数据，并从中挖掘更有价值、更能促进企业发展的数据，从而提升企业财务管理数据的准确性，使其向着科学化、标准化、规范化的方向迈进。

（五）全面促进财务人员的角色转化

大数据时代的到来，使得企业的财务管理人员摆脱了传统的角色，不仅仅进行简单的记账、复核、报表分析等工作，而是向着进行高层次的财务管理工作的方向转变。传统的财务管理人员通过对报表数据的分析，简单地为企业的管理者、经营者、决策者提供数据依据。随着市场经济的发展、竞争的加剧，建立在财务报表基础上的简单的数据分析已不足以满足信息需求者的需要。在大数据时代，企业的财务人员可以从不同的角度、不同的层面探寻企业发展所需的信息，彻底打破传统的Excel数据分析中所不能实现的分析难题，通过这些数据的本质看到企业在发展中的问题、现状，并及时地对企业的经营状况、经营成果进行客观的评价，从而揭示企业的不足，为转变经营者的思路提供明确的方向。

二、大数据对财务管理产生的积极影响

（一）提高财务处理效率，实现财务信息化

在传统的财务管理工作中，原始业务单据的采集、整编、手工录入、核对的过程重复且烦琐导致企业财务信息时效性差和财务工作成本过高等问题。基于大数据思想产生的“财务云”概念使这些问题得到了有效的解决。“财务云”是将企业财务信息与云计算、移动互联网等计算机技术加以融合，实现财务共享服务、财务管理、资金管理三位一体的协同应用，显著提高企业财务数据处理的高效性与准确性，并将简单的财务数据进行加工，成为具有一定价值的财务信息，为企业的决策提供强大的数据支持。

（二）有助于实现成本控制与全面预算管理

一方面，手工核算由于自身的局限性，较多采用简便却不准确的计算方法进行成本核算，而大数据高效的计算速度使存货计价中的移动加权平均法、辅助生产成本分配中的代数分配法等较为贴近实际情况的核算方法得以广泛应用，提高了成本核算的准确度。另一方面，企业财务管理可通过对各种财务信息的采集，利用云计算平台处理得到各类详细的成本信息，构建成本控制框架，从而达到对原材料采购、运输、存储、生产及销售成本的全面控制，便于企业寻找正确渠道降低成本，从而提高企业成本经济效益。例如，在存储环节，利用 DBMS（OLTP）、File、HDFS 等数据中心对物料信息、库存数量、货位信息以及货区信息进行实时监测处理，以降低库存资金占用率，避免停工待料的情况发生，达到对成本控制的目的。

精确的成本信息能够有效支持企业的全面预算管理。成本控制基于合理预算，预算报告编制又基于成本信息，两者之间紧密联系。在大数据时代，成本控制与预算管理不再是相互制约，而是共同促进，使企业在竞争中合理配置资源，不断发展壮大。

（三）有效规避企业财务风险

如今，各行各业正广泛应用大数据的“预测”能力，如经济金融发展、市场物价变动甚至个人健康状况都可以被准确预测。在企业经营管理中，由于各种难以预料或控制的因素，经常会带来流动性风险、筹资风险、投资风险以及信用风险等，导致企业蒙受损失，由此可见，大数据对于财务风险的预测能力在企业财务管理中尤为重要。例如，企业在计划对交易性金融资产、可供出售金融资产等投资时，确定其公允价值是关键，在大数据时代，企业能够从经济活动相关的工商、税务、银行和交易所等各

个机构获取相关数据，借助大数据处理技术合理预测现金流量、终值、折现率，从而降低投资风险。大数据技术下的信息处理系统，通过对资产负债率、应收账款周转率、资本金利润率等财务指标的监控，分析反映财务状况的实时数据，帮助企业作出关于投融资、信用销售等一系列决策，从而达到事前风险预测、事中风险控制、事后风险评价的目的。

三、大数据时代财务管理的新思路

（一）顺应时代发展作为财务管理工作的总纲领

财务管理工作实务是在不断变迁的外部环境中发展起来的，并伴随着环境的变化而产生变革。因此，财务管理工作必须结合密切的时代背景、生活背景、社会背景，让财务管理的发展顺应时代发展的潮流。在大数据时代，人们获取数据信息的途径越来越简单、越来越快捷，因此，财务管理工作的开展必须以适应时代潮流作为总纲领。

（二）树立以人为本的工作重点

人力资源在知识经济时代成为企业竞争力提升的主要源泉，并在企业价值的创造与转移中起着至关重要的作用。大数据时代的到来，使得信息的传递呈现出碎片化的现象，只有充分发挥人的主观能动性、创造性才能提高海量数据的生产力，因此，以人为本将对大数据时代财务管理工作产生影响。例如：长期以来，财务人员都是脱离了企业的业务实际，坐在办公室中闭门造车。懂业务的财务人员则实现了将财务与业务的完美结合。要求财务人员必须深入打破企业的各个业务部门和环节，将业务信息直接转变为各种有价值的财务信息，为企业提供更为专业的财务分析。在这一方面，海尔集团的财务人员的成功转型就做得比较好。

（三）信息技术的支持将大大提升财务管理能力

现代信息技术的发展带动了物联网、互联网、企业内部网络之间的迅猛发展，也促进了大数据时代的发展。如果离开了信息技术的支持，针对大数据的收集、处理、输出、分析等将受到重重阻碍。因此，现代信息技术已经成为现代企业竞争中获胜的重要手段、成为击败对手的重要武器。例如：物联网就以其广泛的通信网络作为基础，实现了物联网与信息需求的结合。随着大数据时代的到来，先进的信息技术为了顺应企业经营管理者的需要而得到不断发展，企业的财务管理者在大数据背景下，降低了资金成本、提高了资金使用效率，为企业的发展带来了丰厚的利润。

总之，随着大数据时代的到来，企业选择数据、处理数据、分析数据、整合数据的能力将不断增强。面对新形势，企业的财务工作必须及时创新才能确保企业的健康、稳定、可持续发展。

第三节 大数据时代对企业财务分析的影响

现代企业所处的经济环境受技术创新、经济波动影响严重，云计算、数据挖掘、商业智能等技术都在深刻地影响着财务行业的革新。作为新兴的技术，大数据被越来越多的企业看重，数据资产也将成为凸显企业竞争力的核心资产，传统的企业财务分析不得不转变形态以适应时代的发展。

一、现有企业财务分析的局限

（一）数据源的局限

传统的财务分析依据的是企业内部财务报表和会计核算提供的相关数据，包括三种类型：一是记录在财务软件中的；二是纸质的原始单据；三是财务数据间的逻辑关系，也可看作一种类型的数据。这些数据大多是来源于企业内部的结构化数据，虽可靠性较高，但数据量小，并且是企业过去的数据，这样财务分析的源头——数据源已经缺失，分析的只是部分数据，不能完整地反映企业经营过程中的真实状况，而仅仅依靠内部静态的数据也无法对企业未来发展状况做出准确的预测。另外，企业难以获得行业内其他企业的数据，即使有，大部分也是上市公司公开的数据信息，企业在有限的数据资源中难以客观评价自身发展现状，数据源的不完整成为制约企业财务分析准确性的首要因素。

（二）技术方法的局限

首先，企业利用 ERP 等软件记录日常经营活动中产生的数据，绝大部分非结构化数据和小部分结构化数据由于处理技术的限制而被丢弃，原始凭证等纸质资料难以“数字化”，在存储的过程中也可能会出现丢失的情况。数据的快速大量涌现使数据存储和技术处理出现瓶颈，数据类型的多样性使得传统的财务分析系统面临着巨大的信息遗漏风险。其次，财务人员一般使用 Excel 等工具进行财务分析，多为定量分析，形式单一，其结果往往以表格的形式呈现，对于非专业人士可读性不强。最后，从财务分析的内容可以看出，企业内部常采用的方法一般为比率分析和比较分析，均为对企业过去业务活动的反映。例如，在本月 10 日对上个月的存货周转率进行分析，在下月 10 日再对本月的存货周转率进行分析，这样的分析模式，往往缺乏及时性。从企业外部来看，对于报表使用者，取得报表的时间与业务活动发生的时间相去甚远，若使用过去的指标来判断企业未来的财务状况，是存在时滞性的。另外，每个企业会计处理办法有差异，这会使得非同一个企业同样的报表不具可比较性，因此，这样得出的财务分析结果会产生差异。甚至在某些企业，同样的报表在不同时期运用的会计处理方法也会不同，例如企业发出存货计价方法，在上一个会计周期使用的是先进先出法，而这个年度采用的却是加权平均法。以此来看，比较分析法也具有严重的局限性。

（三）思想和专业素养的局限

从企业管理者的角度来说，绝大部分只重视销售收入和利润而忽视了财务分析，这样势必会影响财务分析工作的开展。许多企业的财务分析工作是几个财务人员，面对几张财务报表和内部有限的资料对财务及经营概况进行分析，为管理者提供决策依据，但事实上财务人员可能并非真正了解企业经营的具体情况，所以得出的结果会出现偏差，也存在较大的部门局限性，而这样的结果对于管理者实施财务管理也无意义，可能会延误发现企业问题的时机，严重者甚至引发企业决策出错。随着企业间的竞争越来越激烈，对企业管理水平的要求也不断提高，企业若要长远发展，对综合素质高的人才需求越来越多，财务分析也不例外。传统的财务分析人员，掌握的仅仅是有关业务活动范围的知识以及相关的分析方法，针对的也大都是企业管理者的需要。在大数据时代，不仅需要了解管理者的信息需要，还应当了解投资者、债权人等外部财务信息使用者的需求，在分析方法和技术方面也需要不断地学习跟进。

二、大数据给企业财务分析带来的机遇与挑战

我们可以这样定义大数据时代：这是一个依靠全新的技术支持，在新的硬件平台上，通过互联网、物联网等广泛的信息渠道快速有效地进行大规模数据的存储、处理和分析的高速发展的信息时代。大数据时代，企业可以通过所有开放数据来获取信息并将其转换为对企业长远战略发展有用的价值。大数据时代计算机技术融入人们生活之中，各个领域产生的数据量空前之多，数据产生和存储的方式发生了巨大变化，越来越多的数据被开放和交叉使用，由于数据不断产生，数据的收集、处理、分析技术等也需实时更新，大数据给企业财务分析提供了机遇，也使之迎来了前所未有的挑战。

（一）大数据给财务分析创造的机遇

1. 数据来源更充足，数据准确性更高

传统的企业财务分析利用的数据多为内部静态的结构化数据，大数据时代，除了财务报表等内部资料外，利用大数据技术能够从供应商、客户、竞争对手等多方面挖掘到更多的数据信息，不仅有财务信息，还涵盖非财务信息，丰富了数据资源。以往受到技术条件的限制，信息收集、整合利用难度较大，分析效率低，相关数据由于收集存储方式的原因导致精准性不高，在使用完之后便丧失利用价值处于休眠状态。大数据的出现促使数据筛选、存储、处理技术的升级，使企业高效整合这些数据成为可

能，且由于对大数据技术规范和标准化的要求，数据的准确性得以大幅提升。

2. 财务分析多元化，可满足实时分析

数据来源的复杂性和数据类型的多样性势必打破企业传统技术分析方式，来自企业内外部的结构化、半结构化以及非结构化数据纷繁杂乱，需要依据大数据技术对这些数据进行过滤，财务分析由传统的对财务报表等资料的分析转变为在历史数据的基础之上，结合企业内外部财务资料和非财务资料对未来发展态势进行分析预测。大数据的特点之一是时效性高，面对快速流动的大量数据，财务人员需对其快速捕捉、实时分析，早一步从数据中获取隐藏价值就能先于竞争对手了解市场，在竞争中取胜。现有财务分析一般依据财务报告，编制阶段性的月度、季度或年度报告，随着大数据技术的成熟，在不久的将来，可以实现定期或即时发布，如以往月末才编制的财务报表变成每天可见的“天报”，库存、利润和收入的数据都能及时掌握，信息披露的周期大大缩短。

3. 提升财务分析地位，强化预测决策管理

企业一般没有设立专业的财务分析人员，多是由其他财会人员兼顾。在大数据时代，由于对分析技术和分析及时性、准确性要求越来越高，财务分析结果对企业决策预测的影响日益增大，财务分析越来越受到管理者的重视，在日后可能会专设分析部门和分析人员，财务人员的眼界也将拓宽至企业风险预测、决策分析与支持、成本预算管理等诸多方面。

（二）大数据给财务分析带来的挑战

1. 数据收集、处理技术落后

大数据时代半结构化和非结构化数据超过数据总量的80%，传统数据的收集和处理技术明显表现出不足。一是硬件设施不成熟。面对大数据的兴起，许多厂商推出了针对大数据的解决方案，不少企业在招聘的时候也会聘用相关研究大数据的人才。现有的解决方案大部分是在原有硬件基础上做的扩容，并没有专门针对大数据设计的硬件架构，而且大数据的硬件架构技术并非一家厂商可以单独提供，即使在企业中有应用也是初级阶段，不成熟。企业需要强大的实力和强烈谋求改变的愿望才能推动大数据技术发展，因此，创新大数据处理的硬件技术任重道远。二是软件不成熟。大数据的应用场景可谓多种多样，各大厂商提供的软件几乎没有一款能够适用于大数据应用的所有场景。随着大数据技术研发的深入，或许有针对不同应用场景软件的出现，倘若有能适用于所有场景的软件技术，那么一定会获得市场的欢迎。

2. 财会分析人员稀缺，专业素养有待加强

全球范围内，大数据时代背景下财务分析人员稀缺是不争的事实，也是行业面临的巨大挑战。从源头上来说，改善这一现状需要从高等院校对财会专业的教育抓起，已有学者对大数据时代的财务分析课程建设做了相关研究，提出了对数据预处理和学

生建立模型能力培养的改革建议。从财务从业人员角度来看，大数据时代的到来无疑给他们带来了双重压力：一方面专业技能需要不断地巩固与完善；另一方面对大数据分析技术的学习掌握，了解企业各部门运行情况，将自身意识从仅仅是财会人员提升到企业管理人员这一高度，要成为综合素养高的复合型人才也非一朝一夕能够做到。因此，对于财会专业分析人员的储备和培养任重道远。

3. 信息安全缺乏保障

大数据时代信息开放带来的不可忽视的问题便是会计信息的安全性，在网络技术高度发达的今天，信息公开是必然趋势，但数据泄露问题也随之而来。数据在存储、传输过程中容易被盗或者丢失，企业内部数据被篡改和窃取，由于技术不成熟导致的系统加密失灵等都会给企业带来巨大的风险，使企业承担无法挽回的损失。保证信息公开却不侵犯隐私，建立安全的数据传输、存储和分析系统是大数据时代财务分析面临的又一重大挑战。

企业财务分析内容复杂，和经营活动息息相关，对企业的经营决策起着至关重要的作用，而传统的企业财务分析不论是数据还是技术方法都存在缺陷，大数据为企业财务分析带来了新的生机，但同时在实现的过程中也会面临着诸多困难。随着科技的发展，我们可以采取先进的技术改进现有的财务分析系统，即建立基于大数据的财务分析平台，以此实现企业财务分析的变革。

第四节　大数据技术在企业财务决策中应用的必要性

随着大数据技术的不断发展，大数据背后的价值被越来越多的企业发现，数据资产逐渐成为提升企业核心竞争力的重要资产。为了适应时代和社会发展的需要，企业的传统财务决策有必要引入大数据技术来对繁杂多样的数据进行处理，辅助财务人员制订最优的决策方案，提升企业价值。

一、传统财务决策的局限性

（一）数据源

随着互联网技术的发展和市场竞争环境的变化，企业生产经营活动中产生的数据越来越多，企业管理者对于财务决策的数据基础的要求也越来越多。而传统财务决策的数据基础主要依赖于企业内部的财务报表数据和生产经营活动所产生的业务数据，这些数据基本是基于历史业务的结构化数据，准确性高，但数据范围小，无法对企业未来发展状况做出准确的预测。仅仅以结构化数据为代表进行分析制订财务决策方案的传统方法存在很多弊端，已经难以应对当前经营模式下企业财务决策的需求。

（二）技术方法

在大数据时代背景下，企业不仅可以收集到所有的财务数据和业务数据，而且所收集到的数据类型也逐渐从财务报表数据的结构化数据推广到日期、客户信息、客户评价的文本数据等多种形式。而企业在对数据进行存储处理时，常常由于技术条件的限制，无法有效保存财务数据以外的其他数据，导致财务人员在进行财务分析时，主要围绕盈利能力、成长能力、偿债能力和营运能力这四个能力指标进行定量分析，分析方法局限在统计汇总和简单计算，分析工具也主要以 Excel 为主，形式单一，造成财务分析结果具有片面性。同时，由于目前很多企业主要依赖于会计核算数据进行财务分析和财务决策，而会计核算数据往往基于的是企业的历史性经营活动和财务活动，如果用财务报表的数据指标来预测企业未来的财务状况，是存在时滞性的。因此，传统的财务决策方法不能为企业决策提供及时有效的支持，无法满足管理层的需求。

总而言之，在将大数据技术应用到企业财务分析决策之前，传统的财务决策方法已经难以满足在大数据时代下企业存储、处理和分析经营活动数据和财务活动数据的需求，传统财务决策模式的局限性越发呈现出来。因此，大数据技术在财务决策中的应用就越来越紧迫并显得尤为必要。

二、大数据技术为企业财务决策创造的机遇

（一）数据收集与存储

传统的财务决策所使用的数据大多是企业内部的结构化数据，而大数据技术为企业财务决策所需数据的获取来源和存储提供了新的可能性。大数据时代为企业财务部门带来庞大的数据源，利用大数据技术，除了能够获得企业内部数据，如财务报表数据，还可以通过互联网、社会化网络等多种媒介从供应商、客户、同行企业、税务部门、政府部门等多方面获取更多的数据信息，不仅包括结构化数据，还有更多的非结构化数据，进一步夯实了数据基础。以往由于技术条件不足，对大部分非结构化数据无法进行有效的存储。现在在大数据技术的帮助下，可以通过建立数据仓库的形式对原始数据进行收集存储，将所有数据整合到一起。

（二）数据分析与挖掘

传统的企业财务决策分析方法已经无法完全适用于大数据背景下纷繁杂乱的大量数据，需要利用大数据技术对数据进行提取、过滤和分析，挖掘出数据看不见的价值。比如使用大数据技术，进行数据内容的自动抓取，对数据内容进行分析，可以节约企业财务部门的人力资源，提高财务决策的客观性和准确性。通过大数据关联分析技术

对财务数据相关指标的关联性进行分析，从而预测该指标的发展趋势，进行实时动态分析，尽早地从数据中获得隐藏价值，比同业竞争对手掌握更多的信息，更好地助力企业管理人员进行财务决策管理。

三、大数据技术给企业财务决策带来的挑战

大数据技术为企业财务决策方案的制订实施提供便利的同时，也为大数据技术在企业财务决策过程中的应用带来了挑战。首先，财务相关指标数据的更新速度很快，数据量的庞大加深了财务分析的复杂性和多变性，为确定准确的分析趋势、实现精准化的财务决策目标，对大数据技术能够实时处理海量数据、及时对财务指标进行分析提出了更高的要求。其次，将大数据技术应用到企业的财务决策过程中是一个跨学科的研究问题，需要计算机领域、管理学领域和经济学领域的相关人才进行配合，这就对实践操作和专业人才队伍培养提出了新要求。最后，对财务数据和非财务数据的安全提出了更高的要求。在数据信息化快速发展的时代背景下，数据的开放共享是一种必然的发展趋势，但同时也带来了客户隐私数据和企业内部数据的泄露问题，这可能会给企业发展带来巨大的风险和不可估量的损失。一方面可能由于企业财务管理人员的计算机技术掌握得并不熟练，导致企业内部数据在存储和传输的过程中很容易被偷取或改动。另一方面也可能由于大数据技术应用不成熟，导致数据安全系统失灵。因此，在大数据技术的实际运用过程中，构建安全高效的数据采集、传输、存储和分析系统是大数据技术在财务决策应用过程中的一次重大挑战。

四、大数据技术在企业财务决策中应用的主要分析方法

随着大数据技术的不断发展，目前在各行各业所使用到的数据模型也越来越多。大数据技术在企业财务决策领域中的应用同样表现为通过建立数据模型，进行数据分析，从而辅助管理人员进行决策的过程。常用的分析方法是以统计分析为基础，还包含聚类分析、决策树算法分析、可视化分析等。

（一）统计分析

统计分析方法是大数据技术在企业财务决策中应用的最基础的方法模型。统计分析方法一般包括回归性分析、时间序列分析预测、残差分析、趋势分析和比较分析等。利用回归分析方法模型，可以发现某一经济指标的影响因素，研究不同经济指标之间的相关关系。比如回归性分析可以广泛地应用到企业的经营决策中。在企业的销售环节中，通过对产品的销售价格、广告投入费用、产品的销售量等做简单的线性回归分析，可以发现产品销售量具体受哪些因素的影响、最重要的影响因素是什么，从而帮助企业管理人员制订更为精准有效的销售方案，实现企业盈利的最大化。

（二）聚类分析

聚类分析是大数据挖掘技术中的重要模型之一，主要是根据数据仓库中样本数据的自身特点对被聚类的对象进行类别划分的分析方法。聚类分析一般是先对样本数据进行预处理；然后定义相似度度量，使用适合的聚类算法对样本数据集进行聚类划分，得出聚类结果；最后使用选定的评价指标对聚类结果进行评价和解释。聚类分析可以广泛地应用到企业的财务决策过程中。比如企业在制定营销决策时，可以事先将收集到的目标市场上的用户信息数据进行聚类分析，将用户分为高收入、中等收入和低收入三大类，从而根据不同的用户需求制定不同的营销策略。

（三）决策树算法分析

决策树算法通常应用于分类需求，用直观可理解的方式将数据逐步分类，用类似流程图中决策树的结构描述分类结果。在数据处理过程中，它主要采用统计学上的概率分析法来进行计算。决策树的每个内部节点表示在一个属性上的测试，每个分枝代表一个测试输出，而每个树叶节点代表类别或者类别的分布。决策树模型提供了一种快速判断什么条件能够获取何种数值的方法，例如，在贷款审批中，要对申请人的风险做出分类，此时沿着决策树从上到下根据每一个节点的问题进行回答，最后到达的节点就是最终所需求的结果。决策树的优点在于可以生成可理解的规则并清晰地显示哪些字段比较重要。

（四）可视化分析

结果的展示主要是以数据可视化的形式向企业管理决策人员呈现分析结果，如以趋势图或饼图、折线图的形式展示企业的盈利能力等，是实现决策者与硬件工具进行动态交互的重要基础。传统的财务分析模式和决策方案制订结果一般是以静态的变化形式出现，内容形式比较单一。而大数据技术中的数据可视化技术能够将复杂抽象的数据以动态的形式进行展现模拟，将财务分析结果以直观的图形进行表达，使财务分析结果简单明了，为企业管理人员制订相关的财务决策方案提供清晰明了的思路。

随着大数据技术的发展，数据可视化技术逐渐被企业在日常经营活动和财务活动过程中广泛应用。Power BI 是目前比较热门的数据可视化平台，它是由微软公司开发推出的用于分析数据和结果共享的一套可视化业务分析工具，它在企业实际应用过程中发挥出的主要作用是通过数据可视化的形式将数据的变化直观地呈现出来，并将隐藏在数据背后的价值信息以讲故事的形式分享给企业用户。Power BI 平台主要包括数据整理（Power Query）、数据建模（Power Pivot）和数据可视化（Power View）三项基本功能。数据整理的一般过程：首先，连接各种类型的数据源以获取数据；其次，通过统一数据集的维度名称和数据类型，合并原始数据；最后，通过对数据的抽取、清洗、加载和转换保证能正确解读数据。数据建模就是通过管理数据指标之间的关系，利用

DAX 函数创建度量值、计算列、计算表和层次结构。数据可视化就是将度量值、层次结构等之间的关系用条形图、瀑布图、仪表盘、饼图、折线图等形式进行展示，通过时间日期的切片器，实现动态交互。数据可视化实现过程如图 5 - 1 所示。

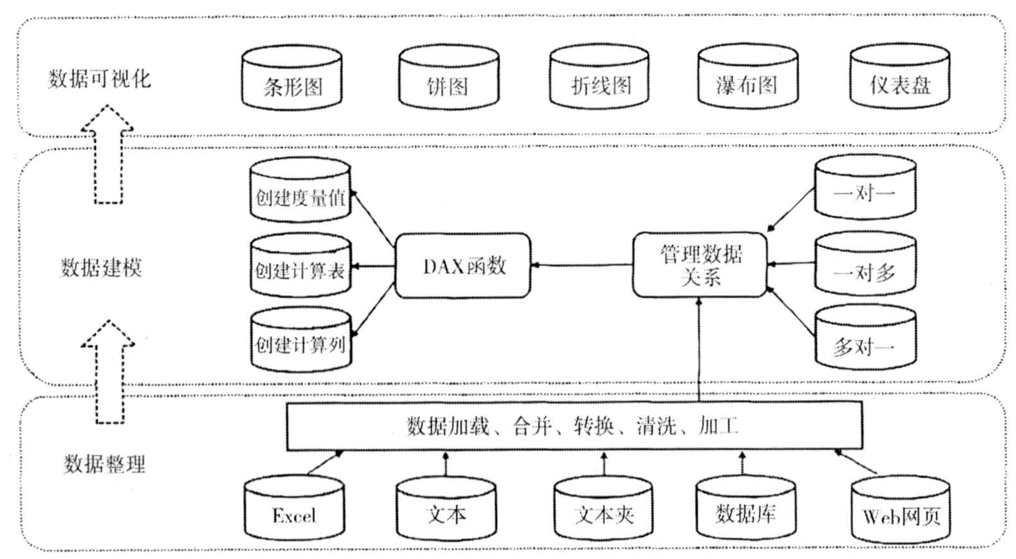

图 5 - 1　数据可视化实现过程

第五节　基于大数据的企业财务分析平台构建

一、平台构建的可行性分析

企业建立基于大数据的财务分析平台需要具备一定的条件，在筹备前期应进行可行性分析，对企业构建此平台的经济和技术基础做考察，同时预估项目成本和效益。

（一）经济基础

调查显示，企业在考虑将大数据运用到经营管理中时要预先解决的难点有很多，如企业缺乏专业的大数据分析人才、大数据分析技术不够成熟，企业信息化程度不高、大数据平台运行成本高、投资与收益可能不成正比、企业担心无法承担风险等。大数据平台的建立对企业的硬性条件要求便是有足够的财力做支撑，国外如 Google、IBM、eBay、Amazon 等企业是大数据发展的主要推动力，国内如阿里巴巴、腾讯、百度在大数据兴起之时就已紧跟趋势。这些企业均是大企业，实力雄厚、资金强大、信息化程度高，对新技术的研发投入了大量的资金。在互联网高速发展的时代，企业要想在竞争中保持优势，技术的创新、人才的培养是必要的因素，而这些都需要企业有足够的经济基础和战略眼光，这也是高科技的起源发展一般都源于大型跨国企业的原因。因此，企业要构建大数据财务分析平台需要有强有力的资金保障。

（二）技术基础

资金、技术和人才是企业发展的三大基础，大数据是一项革新性的技术，企业若想顺利实现平台的构建，在技术方面需要基于已有的三种数据信息技术做创新。

1. 数据仓库

数据仓库（Data Warehouse）主要是为管理层决策和编制分析性报告提供所有类型数据的支持，它是一种结构化的数据环境，运用于决策支持系统和联机分析应用数据源，能够处理长期积累的大量资料，帮助决策者快速分析出有价值的信息，对外部环境变化做出迅速应对，从而构建商业智能。

数据仓库有如下特点。

（1）集成。数据仓库从现有数据中提炼出所需的数据，对数据进行清洗、加工、整理，消灭元数据的不一致性，主要功能是方便决策者查询数据。数据仓库中所记录的信息一旦保留便是长期和永久性的，很少删掉或修改，企业只需要定时加载、刷新即可，因此数据仓库中包括了企业每个时间段的信息，利用它们对企业的历史发展进程和未来发展形势可以做出较为准确的分析和预测。

（2）高效。数据仓库进行数据分析可以精确到“天”，企业在二十四小时甚至十二小时内能够看到前一天的数据分析。因此进行数据仓库设计时要预留足够的冗余用于存储。

（3）数据准确。数据仓库流程复杂，包括数据清理、加载、查询、输出等，多层次架构也许会导致数据失真，所以对源头数据的筛选和代码的编制要求必须缜密。

（4）持续稳定运行。设计大型数据仓库系统结构繁杂，维护成本高，构建之初应综合考量仓库扩展性，可容纳至少未来三到五年内企业产生的数据。

从功能上来讲，数据仓库系统应包括数据获取（Data Acquisition）、数据存储（Data Storage）和数据访问（Data Access），针对这些功能设计的体系结构如图 5－2 所示。

2. 数据挖掘

从图 5－2 所示数据仓库的体系结构中可以看到，数据挖掘（Data Mining）属于前端工具与应用的一个步骤，其目标是实现从大量数据中搜索隐藏信息，获取顾客分类、潜在顾客识别、欺诈检测等信息，目前大多应用于金融、医疗、零售、政府决策等方面。企业将数据挖掘运用于经营项目的管理，用积累的大量数据挖掘出潜在的规律，发现市场机会，掌握竞争机制，提高竞争力。通常数据挖掘的步骤是：从数据库中选取数据，经过预处理后将数据转换成标准数据，从这些数据中挖掘出需要的信息，分析处理呈现可视化的结果，如图 5－3 所示。

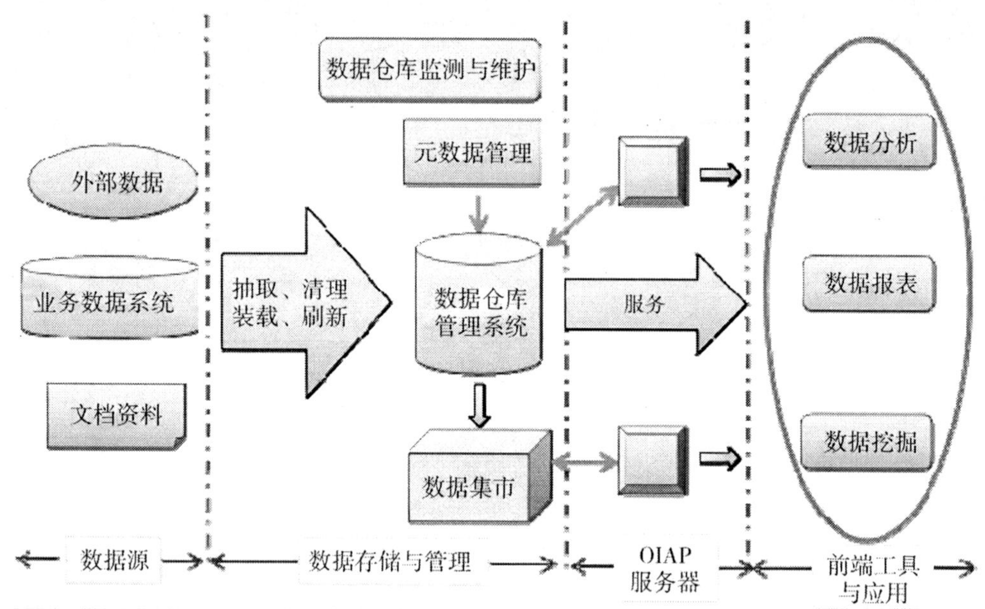

图5-2　数据仓库的体系结构

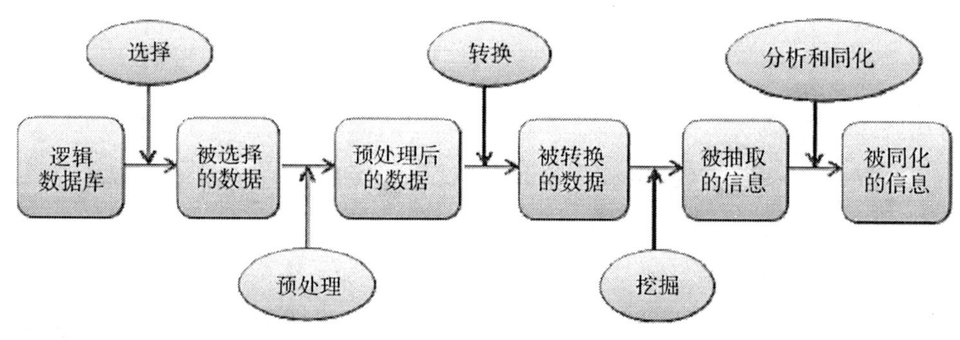

图5-3　数据挖掘过程

3. 云计算平台

云计算平台也可称为云平台，分为三类：存储型云平台和计算型云平台分别以数据存储和数据处理为主，综合型云平台则计算和处理二者兼顾。我们所熟知的商业化云计算平台有微软、谷歌、IBM、甲骨文等。开源云计算平台主要有以下几类：AbiCloud 所提供的云计算服务能够为企业创造和管理私人云、公共云和混合云服务，企业用户能够通过 AbiCloud 将占据了电脑和硬盘大量资源的数据转移到更大、更安全的服务器上；Eucalyptus 构建的开源界面让企业能够使用它们内在的 IT 资源，包括服务器、存储系统、网络设备等，从而建立能够和 AmazonEc2 并容的云；MongoDb 属于文档型数据库，性能很高、开源、没有模式，可代替大部分场景下的关系型数据库或键/值存储方式，其目的在于海量数据的处理。

云平台架构（见图5－4）可分为四层，横向分别是显示层、中间层和基础设施层三层。显示层展示用户需要的内容，界面友好；中间层提供多种服务，如缓存、并行处理等；基础设施层主要是准备资源，进行虚拟化和分布式存储，优化关系型数据库。纵向一层为管理层，主要是维护和管理横向层。综合起来可分为基础设施层（IaaS）、平台层（PaaS）和软件服务层（SaaS）。

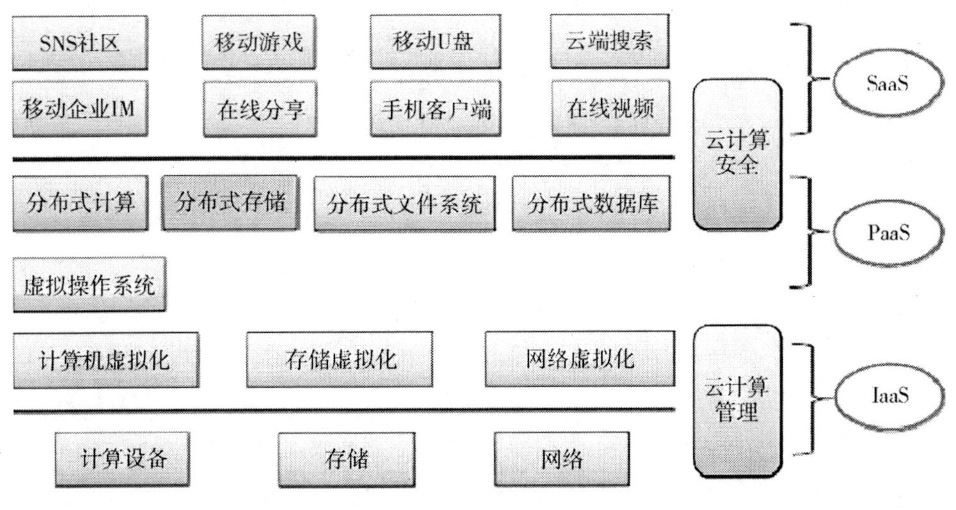

图5－4　云平台架构

云计算利用分布式计算机分散计算的原理，放弃采用本地计算机或者远程服务器，这样企业的数据中心运行和处理同互联网类似，企业把资源用于需要的应用，以需求决定连接计算机和存储系统。这样不仅使企业可用资源丰富，而且大大节约了企业的资金成本。

云计算平台的服务无处不在，只要用户能连接上有效的互联网，再有一台具备基本计算能力的电脑即可。其另外一个特点就是用户一般无法独立承担进入成本，而是由具有使用该服务需求的客户群分担。云平台要求企业的IT基础架构有一个统一的格局，且信息部门对虚拟化技术要能熟练地运用。

（三）综合成本

企业将数据集中储存在大数据端，在使用时从中提取财务信息到平台进行处理和分析，这种方法能够节省大量的费用。首先，企业在业务高峰期时的需求能够通过大数据平台得以满足，无须事先提供多余的资源满足数据存储的需要。目前高端服务器资源的利用率较低，仅为20%左右，如果大多数企业能够使用这一资源，则企业的分摊成本就会大大降低。其次，在利用软件服务商提供的开发平台时，企业无须支付购买和维护硬件设备的费用，仅仅需要按时缴纳租用服务的费用，这样又能节约一大笔开支。

大数据环境下构建的企业财务分析平台能够实现使用者随时随地访问数据，文件的格式也可相互转换，数据的处理方式也有多种形式，这样能够使不同部门间的信息共享，加强企业内部部门协作，数据的准确性、一致性和及时性得以保障。因此，构建基于大数据的企业财务分析平台高效、实用。

二、平台功能设置

基于大数据的企业财务分析平台构建应当依据相关财会法规，对企业内外部数据通过剔除无用数据、对数据进行加工处理和分析，呈现给决策人可视化的结果，为管理者提供信息。此平台具有以下特性：一是实时性，大数据财务分析平台采集企业内外部的财务信息，从原始凭证的采集到最终的财务分析一体化，全程数字化流程，即时采集、即时处理、即时分析；二是内外融合，平台数据不仅包括企业内部各个部门数据，还包含企业外部各子公司、分公司、行业内其他公司披露的数据以及政府部门公开数据等，形成内外融合兼顾的数据网络，实现了真正的信息资源共享；三是智能化，在云计算、数据挖掘、数据仓库等技术的基础上进一步开发出大数据技术，处理更快速，效率更高，能够克服原有技术的弱点，实现大数据时代智能处理技术。整个平台是一个智能化的信息系统，也是企业信息管理的重要组成部分。在这个平台中应包含如下的基本功能：财务指标分析、财务决策分析、财务预测分析等。

（一）财务指标分析

企业在构建一个健全有效的财务综合指标体系时需考虑到以下几点：首先评价指标要全面，能够涵盖四大能力指标的考核要求；其次主辅指标要明确，能够从不同侧重点反映企业财务状况；最后要能够满足企业内部决策者的需求，还应当满足外部投资者、债权人、政府管理部门等多方面的需求。

传统的财务综合分析方法有杜邦财务分析体系（见图5－5）和沃尔比重评分法。杜邦财务分析体系法根据各财务指标间存在的联系，将企业净资产收益率一层层解析为多项财务比率的乘积，从而达到分析评价综合经营管理能力和经济效益的目的。杜邦分析体系层次清晰，能较为综合地反映公司盈利能力和股东权益回报，但从绩效评价的角度来看存在较大的局限性。一是它只包含企业财务信息，没有反映客户、供应商、员工、技术研发等非财务信息；二是在现有的指标中，较为重视短期指标，忽略了长期指标，不利于对企业长期发展能力的考察；三是衡量的主要为企业过往的业绩，对不断更新的信息无法满足分析要求；四是企业无形资产的估价问题难以解决。

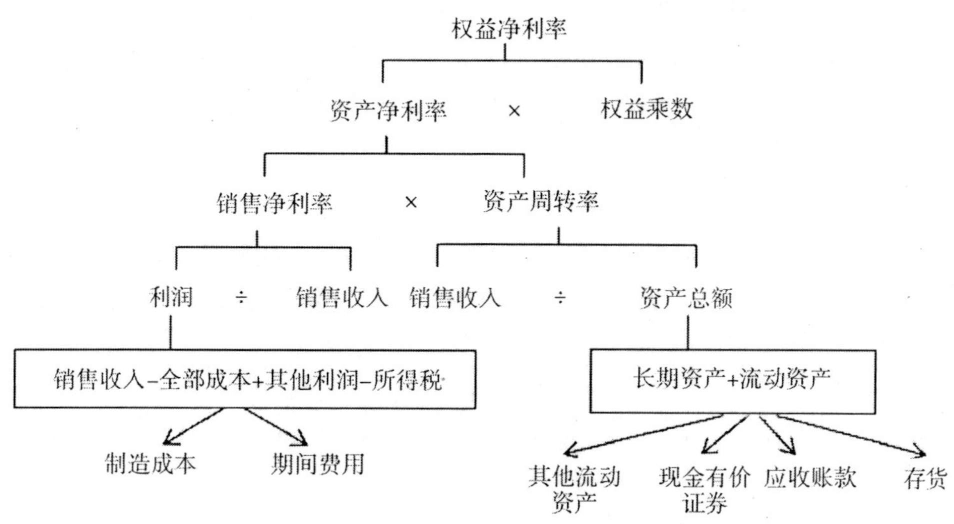

图5-5 杜邦财务分析体系

沃尔比重评分法从企业盈利能力、偿债能力、发展能力中共选出七个指标，将这些财务比率以线性关系结合，设定各项比率评分值，计算出的实际比率与标准比率相比得出分数，用以评价财务状况。沃尔比重评分法理论上问题较为明显，至今尚未证明为何选择这七个指标，在实践中缺陷也较显著，技术也不够完善。

因此，在构建大数据的企业财务分析体系时需要查漏补缺，在现有的财务分析体系的基础上进一步完善，使财务指标更为全面，增加对非财务指标的分析等，将财务分析同公司战略结合起来。我们可以考虑在体系层面将传统财务分析体系同平衡计分卡和企业价值链结合，运用比率、比较以及趋势分析方法对企业经营情况进行整体的分析评价。平衡计分卡包含五个方面的平衡，即平衡财务与非财务指标、长期与短期目标、结果性与动因性指标、企业组织内部与外部群体、滞后与领先指标，分别从以下层面的指标来分析企业经营情况。

（1）财务层面：收入的结构和增长幅度、成本降低、生产率、资产利用率、投资战略等方面设定指标；

（2）客户层面：顾客满意度、新顾客增加率、老顾客保持率、市场占有率、不同类型客户获得利润比率等具体指标；

（3）员工层面：员工离职率、员工满意度、平均培训费用、高端人才引进率、教育水平等指标；

（4）研发层面：研发投入、新品贡献率、研发人员比率、技术创新增加率等；

（5）生产运作层面：产品质量、生产周期、产品合格及退货率、产出率等指标；

（6）供应商层面：交货合格率、订单完成率、交货准时性、退货比率等指标。

（7）竞争对手层面：结合对手资产负债表、利润表、现金流量表以及挖掘到的其他有效资源进行横向对比分析。

企业价值链包含上游供应商、下游顾客，分析指标与平衡计分卡相辅相成。本书仅简要构建基于大数据的分析指标体系，具体指标的设计应结合企业的实际情况，在日后对大数据更充分的研究中不断加以完善。

（二）财务决策分析

传统财务决策主要依据对财务信息和非财务信息的定量及定性两个维度分析结果，加上决策者的经验。在大数据环境下，决策依赖更多的应是对数据的处理分析，获得的结果也更加精准。通过互联网、物联网等媒介从企业内部各部门、政府管理机构、银行等多方获取数据，将采集的数据存入数据中心，利用大数据技术进行数据处理，通过企业财务分析平台对处理后的数据进行分析，用于企业决策支持。企业财务决策分析流程如图 5 -6 所示。

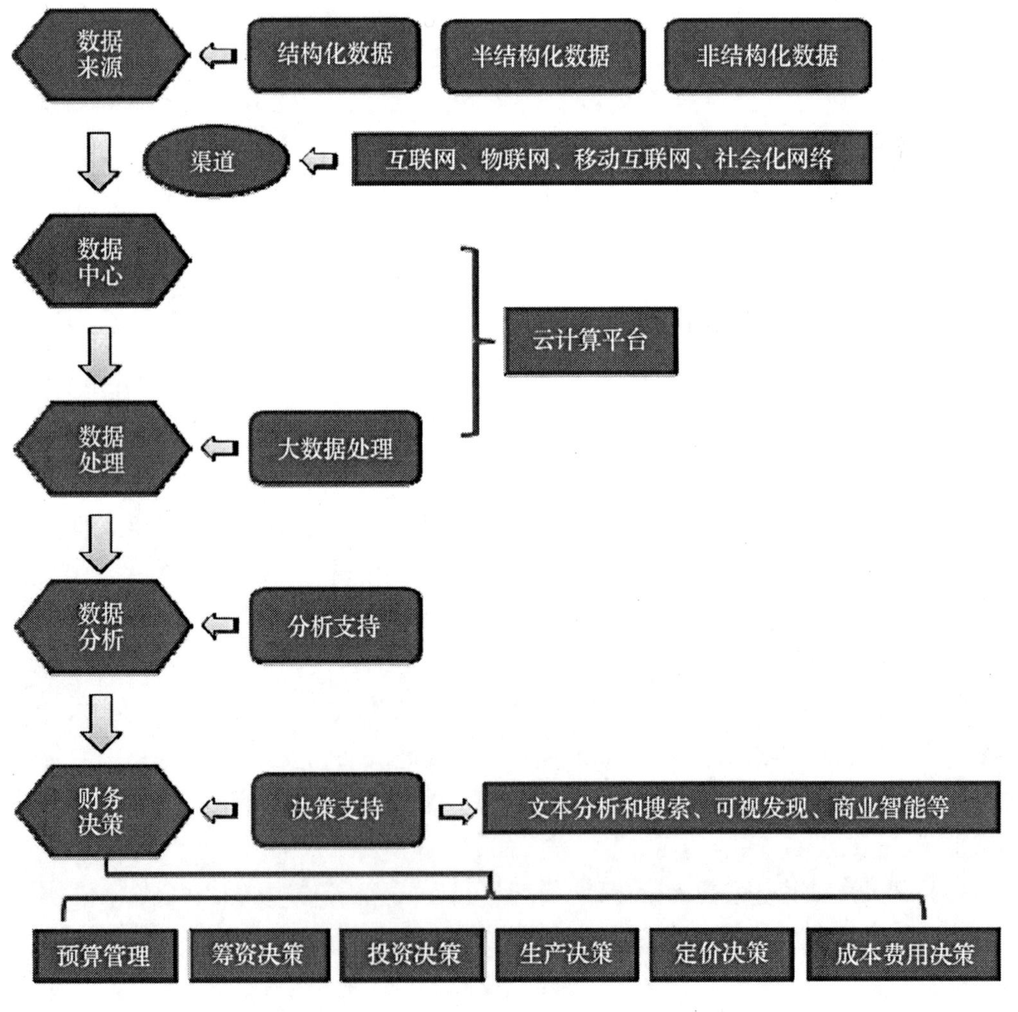

图 5 -6　企业财务决策分析流程

财务决策分析可由三个部分内容构成。

1. 投资决策分析

企业投资决策是至关重要的。首先确定投资目标，企业综合考察自身历年投资情况、资金组成结构等因素，结合企业短期目标和长远战略，确定最需要投资的环节；其次预估投资风险，从企业内外部投资环境、政策变化、行业趋势等方面对风险进行分析，尽可能地降低或者规避投资风险；再次预测投资收益，评价投资方案一般采用贴现指标，考量了时间价值因素，主要使用净现值、内含报酬率、现值指数等指标；最后运用数据平台计算分析，输出结果。

2. 筹资决策分析

企业筹资决策包括对筹资时间、方式、数量、成本、风险等进行预估和选择，以此确定最优筹资方案。在决策过程中，通常采用三种基本方法：一是比较各方案筹资代价，如筹资成本高低、条件优劣、时间长短；二是比较筹资实现概率大小，如风险强弱；三是比较预期收益和成本，若收益大于成本，则该方案可行。以上方法的实现依赖于企业对自身资金条件、资金需求情况、财务风险的分析，利用分析平台模拟筹资完成后资金的构成变化、对每股盈余的影响，在综合分析后选出最佳筹资方案。

3. 利润分配决策分析

企业的利润分配应考虑三种因素：一是对公司现金流量、资产流动性的影响，满足公司投资需求和盈利稳定性的需要；二是股东稳定增长的收入和其实际控制权；三是保护债权人应有的利益。总体来说，应对企业利润构成、产品销售利润率、利润分配比率、留存利润率等多方面综合分析。

（三）财务预测分析

企业财务预测分析流程如图 5－7 所示，此处不再详述。

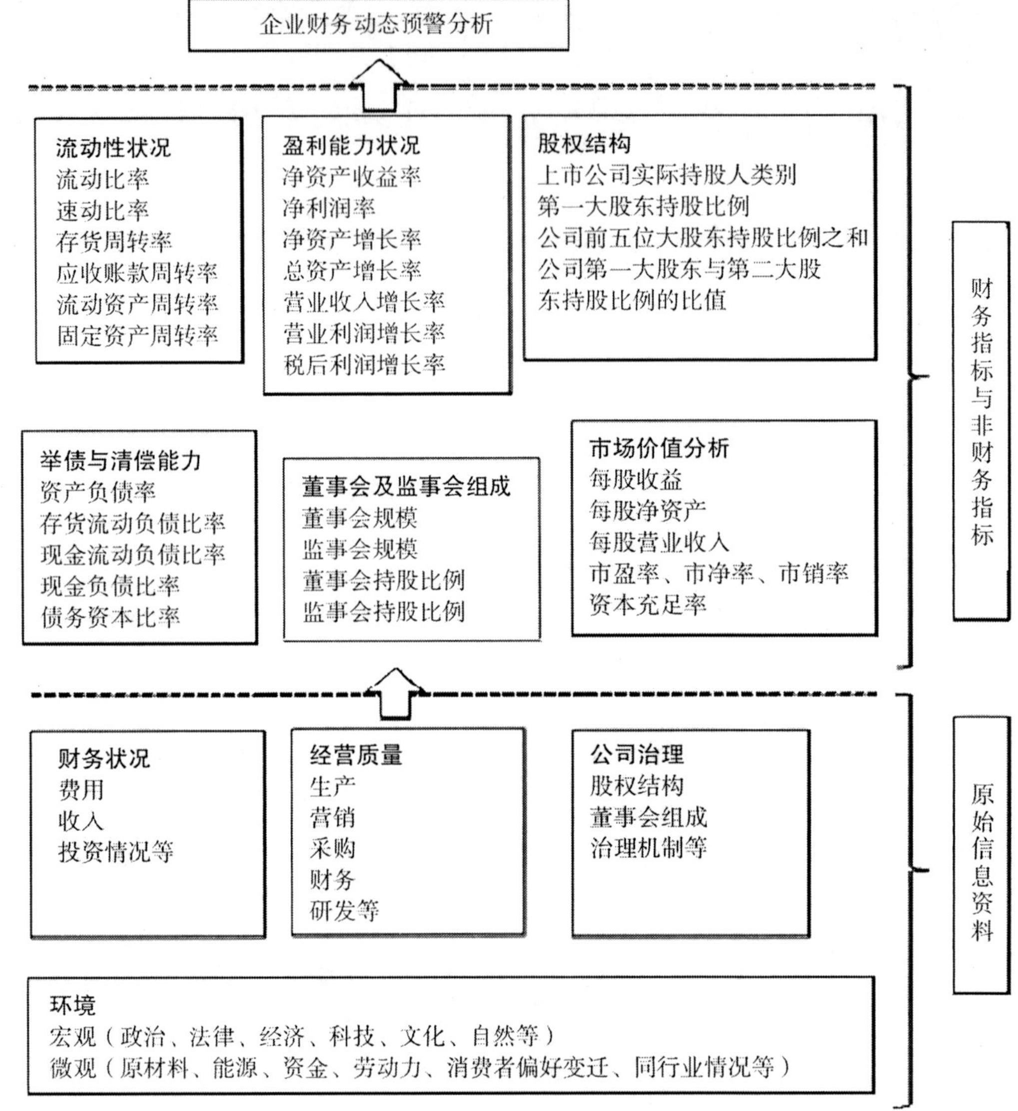

图5-7　财务预测分析流程

三、平台结构体系设计

基于大数据的财务分析平台可依据已有的“数据仓库+数据挖掘+云平台”模式设置。由软件供应商提供基础IT环境，通过网络获取企业内部各部门、外部供应商、顾客、行业内、政府部门等各类结构化、半结构化和非结构化数据，对数据筛选加工，保存至数据库中，将需要的数据调取出来进行处理、输出，以可视化显示。具体来说分为数据采集、数据存储处理和结果输出三个层次。此外，安全架构也应纳入重点设置。

（一）数据采集层

采集的数据包含业务数据、知识数据以及决策分析数据。

1. 业务数据的采集

传统财务分析中业务数据仅仅包括财务信息，而这里所指的业务数据不仅包括传统意义的数据，还包含非财务信息，不仅有结构数据，还有非结构数据，如销售合同、订单信息、往来邮件、出库单、入库单等。除了文字资料，也包含图像、音频、视频以及网页等多种形态的资料。数据的来源也相当广泛，从企业内部网络到社交媒体网络，从电脑网页端到手机客户端，都能够获取元数据，再将数据加工筛选后放入数据库存储。业务数据收集流程如图5－8所示。

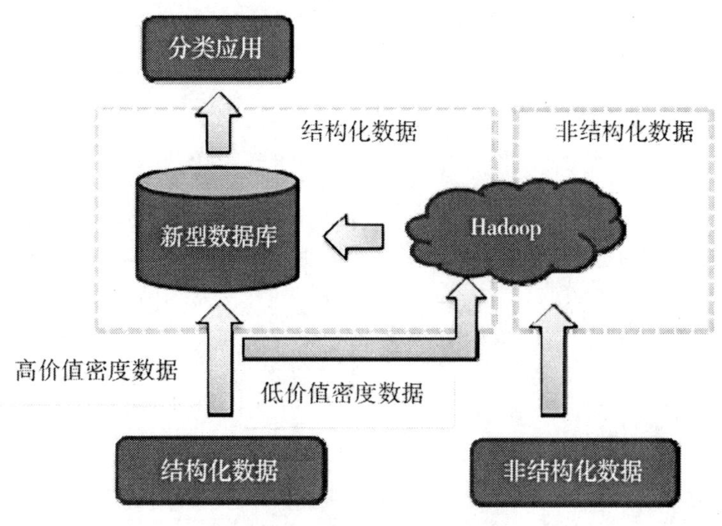

图5－8　业务数据收集流程

2. 知识数据的采集

知识数据包含财政法律法规、会计政策、会计制度、财务准则等规定，系统从外部获取后，经过分类整合以一定的编码形式存入数据仓库，作为一种标准，创建其与业务数据之间的联系，形成关系型数据库。

3. 决策分析数据的采集

决策分析数据包含所有能够反映企业营运能力、盈利能力、偿债能力、发展能力的数据，还包含业务处理以后生成的财务报表、记账凭证等加工信息。决策分析数据库是比业务数据库和知识数据库更高一级的存在，通过设定的计算模式取得结果后将前端数据库的数据提取到分布式数据库中，对其中多种格式、不同类型和结构的数据统一量化，转化为标准的数据类型，以便后续的分析处理。

（二）数据存储处理层

大数据的存储和处理是一体的，将采集的数据清洗后存储到数据库，在数据库中运用技术处理输出分析结果。在企业的大数据财务分析平台中，可以采取三种方式的存储处理技术路线。

第一类是面向结构化数据，主要针对整体行业大数据，采取 Shared Nothing 结构，以列存储、粗粒度索引等大数据处理技术，结合采用高效率的 MPP 架构这一分布式计算模式，支撑起分析类的应用，运行环境大多是 PC Server，具有成本低廉、高性能和高扩展性的特点，对于企业新的数据仓库和结构化数据分析来说，其目前是最佳选择。

第二类是面向非结构化和半结构化数据，是在 Hadoop 的技术之上进一步拓展，以 Hadoop 为核心派生出的一些大数据技术，处理传统数据库难以处理的数据，如实现对从互联网获取的大数据进行存储和分析的支撑。

第三类是综合性的大数据产品，此类产品结合硬件和软件，包含集成的服务器、储存装置、操作系统、数据库管理系统，还有事先安装的软件，用于数据的查询、整合及分析。

未来的处理数据技术应当实现：将新型数据库与 Hadoop 结合，PB 数量级的高质量结构化数据用 MPP 来处理；半结构化与非结构化数据采用 Hadoop 来处理。如此可同时满足不同类型数据的处理需求。在实际的数据存储处理过程中，需要构建包含以下几种类型的数据仓库。

1. 业务数据仓库

业务数据仓库中所有的企业经营业务间建立相互联系，例如对销售的产品建立数据仓库，从产品出库到销售给客户再到收回货款中间每一个环节的数据，为了使信息保持原始完整性，业务数据应避免提前汇总。大数据时代信息处理的一个关键特点就是数据直接到结果。

2. 知识数据仓库

知识数据仓库中包含所有财务分析方法、计算公式、指标设定、表格模式，与会计核算准则建立联系，尽量包含多种形式的分析方法与算法。另外，此数据仓库中存储有以往决策、预测分析的数据，管理者在做预测、决策时可调用这些经验辅助判断。

3. 模型体系仓库

模型体系仓库中所含的是财务分析中各种分析体系模型，如杜邦分析体系，还含有财务预测、决策模型，比率分析、比较分析、趋势分析模型等。

（三）结果输出层

本层在已有的数据挖掘技术上做相应的改进，挖掘仓库中的数据信息，输出的结果在人机交互界面可视化呈现，使决策者能够更直观形象地看到分析结果。

1. 数据挖掘

针对以上几种数据仓库，分别实施对业务数据、知识数据和模型体系数据的挖掘。在挖掘过程中，结合各相关模型和算法，对数据做深层次、多维度的处理分析，采用的分析方法主要有以下七种。

（1）分类。将数据库中的对象按照相同特点，以一定的模式划分类别。例如对客户的分类，根据客户的消费习惯、喜好、特征、性别、满意度、回购利率等，可以预测顾客购买行为和销售情况。

（2）回归分析。旨在发现变量间的关联，反映时间特征，产生一对一数据项映射到实值预测变量的函数。回归分析可以用于产品生命周期预测、销售收入趋势预测等。

（3）聚类分析。聚类同分类的不同在于它所要求划分的类别未知，以相似性和差异性来划分类别，目的在于让同类别数据的相似性和不同类别数据的差异性都尽可能大。采用聚类分析方法可以判别哪种产品更受客户喜爱，从而确定生产方案或投资对象。

（4）关联规则。寻找数据间存在的隐藏关系，例如著名的“尿布和啤酒”的案例，超市里跟尿布一起购买最多的是啤酒，二者表面来看并无关联，然而进行分析后发现了暗自隐藏的联系。这类分析方式可用于目标顾客管理中，即对企业的客户大数据进行数据挖掘，洞悉客户群、细分与维系，为产品定位、营销策略制定等决策提供参考。

（5）特征分析。从数据库中的一系列数据中提取特征式，代表了该数据集的总体特征。例如通过对退换货原因的特征提取，可得出引起客户退换货的因素，以此提高产品质量、降低次品率和风险。

（6）变化与偏差分析。此类分析方法旨在探求数据的现状与历史数据、预算或标准间的差别，在企业实际管理过程中，可用于项目计划预算费用和实际费用间的差异分析，深层次地挖掘产生的原因，获得预警信息，可应用到企业财务危机预警中。

（7）网页挖掘。如今网络信息量巨大，通过对 Web 的海量数据进行分析，可收集国内外、宏微观、各行业领域、供应链上下游等信息，对这些信息重点深入分析，根据结果发现企业自身存在的问题，查漏补缺，从而辨识、分析、评价和管理企业危机。

2. 结果展示

结果的输出主要是以更直观的方式向使用者展示分析结果，适当的解释方法让人们更容易理解，可使用可视化技术。

传统的分析结果一般是图表的显示方式，比较呆板，可视化技术开发出多种数据显示方式以描述数据及其变化，除了传统意义的二维图形表格外，还出现了三维动态模拟，除了简单的点、线、面之外，还可以有多姿多彩的动画表现方式，将数据分析结果与艺术相结合，形象生动。数据可视化是一种有效的传递、表达、展示知识的手段，能够促进数据科学的普及和推广，将专业的、复杂的、枯燥的、抽象且难懂的数据转化成直观的图形图像等表达，呈现给普通用户。商业智能和数据分析不再是专业的分析人才的专利，而是大众化的工具手段。例如财务分析中输出的报表对于某些非专业人士可能晦涩难懂，如果转换成动态自动解析的界面，不仅增加了可读性，也具有较大的趣味性。

（四）安全架构

大数据时代信息的开放引发了信息安全问题，在构建企业大数据财务分析平台时也应当将安全架构纳入重点。大数据的安全架构可以从六个层面考虑：一是硬件方面采用我国自产的硬件设备；二是操作系统开源化；三是网络防护方面防病毒侵入；四是应用方面应集中认证、分级授权；五是数据安全要从存储、访问和传送三方面加以控制；六是管理方面出台相应的大数据保护规章制度。

在具体实施方面，以数据安全保护为例，从技术和规则两方面进行约束，用户在访问数据时需要进行身份认证，可采用指纹识别、动态密码等方式；然后需要取得访问授权，平台设定访问控制，授权用户进入数据中心；对传输的数据加密保护，以防被窃取和盗用；在保持数据完整性方面，数据传送到端口要进行及时的验证，保证数据恢复完整；用户的访问记录、操作记录都会自动保存，以便后期安全审计；另外，平台的构建可基于多个服务提供商，如若一个服务提供商终止，其他的可照常运行，不会影响企业的正常运转。

四、财务分析平台的效用

企业财务分析平台在功能设置和结构体系方面基本构建完成，将其运用到实际工作中预期可以实现以下方面的效果。首先是可从企业内外部获取大数据；其次是对所获取的大数据进行整合、筛选、分类、加工、存储，以备使用；最后利用平台设置的分析功能，将需要的数据分析并产生结果再输出。具体效用如下。

（一）获取大数据

企业日常经营活动中会产生大量杂乱无章的数据，利用财务分析平台获取海量数据成为企业财务分析的首要前提。基于大数据技术的财务分析平台效用之一便是全面捕捉企业内外部结构化、半结构化和非结构化数据。

1. 企业内部数据

企业内部数据包含历史数据和实时数据，经营活动产生的财务与非财务信息。传统意义上的企业内部数据指企业过去经济活动所产生的历史数据，以财务信息为主，包含部分非财务信息。通过财务分析平台的数据采集功能，可从企业内部获得大量的历史数据，实时采集现在发生的经济活动所产生的数据。以往结构化数据易于收集，而非结构化数据由于技术的限制往往被摒弃，造成资料的缺失；现在利用财务分析平台可轻松实现企业内部历史数据和实时数据的获取，对结构化数据、半结构化数据和非结构化数据完整采集。通过大数据平台从企业内部采集到的财务大数据包含企业历年报表数据、财务分析结果，生产、销售、采购等结构化数据和合同、报告、档案等非结构化数据。数据源自销售清单、采购订单、出入库单等业务单据，而不仅仅局限于普通会计凭证。

2. 企业外部数据

企业外部数据涵盖了客户数据、行业数据以及政府公开数据等。

（1）客户数据。客户的核心需求源于其消费行为习惯、信息接收方式和选择购买方式等因素的综合，想要精准地预测顾客行为就必须通过收集广大客户的全局数据并加以分析观察，有效地抓取企业销售对象所对应的客户特征。没有任何一个品牌可以满足所有客户的需求，但是某个品牌的受众必然是源于广大客户。市场需求的整体是所有客户，部分是某类目标客户，对于企业而言，迎合某类目标客户的需要是核心，但要根据整体客户的需求来决策，这样根据市场需求的全局来应对目标客户需求的变局。运用大数据平台，可从互联网、客户端等诸多媒介获取客户大数据，以宏观的视角做微观的决定，才能更好地发掘客户群体。

（2）行业数据。优胜劣汰是自然法则，竞争是市场经济发展的自然规律，也是其逐渐成熟的驱动力。每个行业、每个企业都在源源不断地产生大数据，企业所作出的所有决策，包括新品上市、品牌推广、投资项目、融资决定等，都会被记录在大数据之中。行业内竞争态势的强弱与行业的繁荣与否有直接的关联，竞争不仅可以推动产品质量的提升，还能加速技术、服务质量、创新能力的提高，促使行业整体前进。

互联网广泛联通的今天，竞争不仅体现在线下渠道，还体现在网络电商平台，制订有效的营销攻略、推广计划，合理控制成本费用，利用有限的资源创造尽可能高的收益，这些核心优势的建立，必须要在清楚地认识竞争对手所处的位置前提下进行。企业需要时刻关注竞争对手的动态，掌握即时变化，做出敏锐的反应，可以通过大数据的监测，以获取最新的对手信息，例如企业经营状况、行业发展情况等。通过对比分析找出对方的优势与自身的不足，以此游刃有余地开展经营活动。此外，在全球一体化趋势越发明显的今天，企业所获取的信息不应局限在国内，还应将目光放至国外，通过大数据技术打破信息壁垒，让企业汲取国外同行业、同领域优秀经验，有助于企业发展壮大。

（3）政府公开数据。2016 年 2 月，国务院办公厅印发了《关于全面推进政务公开工作的意见》，要求加快建设集中的开放式平台，实现政府数据大公开。政府数据的公开，鼓励和推动企业对政府公共数据进行深入的分析和应用，大量的政府基础数据经过加工后，可以转变为具有市场竞争力的资源，实现其附着的经济价值，应用大数据分析，为企业创造财富。利用企业大数据平台，企业能够轻松获取以往难以获得的宏观数据。

（二）整合大数据

对获取的各类大数据进行整合是对数据加工处理的过程，不同来源的财务大数据在批量实时的采集之后存储到相应的数据仓库中，根据数据的粒度和维度，采用 ETL（Extract-Transform-Load）技术对数据进行抽取，将其按平台标准处理模式转换，再装载到不同的维度表和事实表中，以备管理和调用。对结构化、半结构化以及非结构化数据的存储和处理引入 Hadoop 结构和人工智能技术，实现财务大数据的高质量、低成本存储，还解决海量数据分布式非关系型数据的管理与处理问题，以此实现财务大数据分析结果的可视化应用。

1. 大数据存储

由于大数据来源于企业内部和外部，加之数据的价值性和复杂性不同，需要将数据设置不同的层级，例如将原始财务数据存入横向数据层，便于具体查询；将预测和决策分析的数据存入纵向分析层，便于进一步加工挖掘；将机密数据存入私有数据层，保护其隐秘性。平台所建立的数据仓库是数据存储的中心，利用 ETL 工具将操作型数据转为面向分析主体的信息。以企业存货为例，对采购的存货建立数据仓库，获取采购数据，包括存货名称、类别、单价、数量、规格、采购时间、订单编号、供应商信息等；财务数据，包括存货实际成本、计划成本及运费等；仓储数据，包括存放时间、位置、数量、金额等。在业务数据仓库中，以事实表为中心建立维度表，在维度表的基础上拓展详细类别表。例如：在存货事实表（存货名称、类别、金额、数量、发生时间）的基础上建立维度表（时间维度表，如年、月、日，可具体到分、秒；部门维度表），以此全方位地查看财务大数据具体发生的情况。采用不同粒度保存数据，高粒度保存历史比较久远的数据，低粒度保存近来发生的和汇总的财务数据，这样能够实现对大数据具体细节的实时查询分析，也能够实现财务总体趋势的预测分析。

2. 大数据管理

财务分析平台中构建了业务、知识和模型三类数据仓库，在财务大数据的管理过程中，将纸质版的业务数据转为电子档，化繁为简，形成电子单据和电子账簿，便于自动传输、分类管理；对知识数据的管理是完善分析方式、计算方法和准则；对模型体系的管理是结合公司内外部数据，采用适用于公司业务的模型，进行全方位系统、深入的分析。

（三）分析与结果展现

数据的分析与结果展现是整个财务分析平台最关键的一部分，基于大数据的财务分析平台相较于传统的财务分析方式，在对企业进行财务分析时，能够全方位地分析，并且结果的展现不再是单一的方式。

1. 数据分析

本平台中的分析系统是非流程化的应用系统，在系统使用过程中所有分析流程的展现可以依据使用者的分析思路进行组合。一般情况会采用以下分析思路：首先使用过程监控，实时了解“What”，发生了什么；其次使用因素分析，了解“Why”，为什么出现；再次使用趋势分析，预测“Will”，未来会发生什么；最后采用模拟仿真技术，探索改变某一种或多种因素，未来会发生什么。

通过平台对企业历史数据和实时数据的采集与分析，发现某个指标存在异常状况，此时需要进一步挖掘出现异常的原因，深入分析每一个关联因素，找出引发指标异常的关键因素，利用平台的预测分析功能，预测如果持续下去会产生的结果，以及改变这一因素会产生的结果。

2. 结果展现

内容上，分析结果的展现可分为以下三个层面。

（1）企业层面：展示指标完成情况、指标对比和变化趋势，这也是分析平台默认状态。

（2）地区层面：展示区域市场指标变化，衡量市场开拓状况和地区间的指标对比。

（3）行业层面：展示同行业企业的一些指标的对比分析结果，让企业更容易发现自身的不足，取长补短。

形式上，分析结果的展现可以是普通的表格、图形或是立体三维、四维模型展示，前面两者主要用于日常指标分析，后面两者可以用于未来趋势的预测，如指标变化动态可视化或联通到电话会议和视频会议。

第六节 大数据时代对企业财务管理人员角色的影响

一、大数据时代对财务管理人员角色的影响分析

大数据时代随着信息网络和企业一体化管理软件的普及，财务管理人员从账簿的束缚中解放出来，更多地参与企业的管理和辅助决策工作，这样的角色变化，更加凸显会计的“管理”职能。

（一）大数据时代为财务管理人员管理职能的发挥提供了条件

会计主要是核算、反映和监督三大职能，财务管理人员收集数据、陈列信息，并对企业的宏观管理施加影响，都是以信息为基础，分别对应不同的信息处理层次。财

务管理人员应当扮演起“管理”方面的角色，但由于各方面的原因，财务管理人员的管理性被忽略。大数据使得财务管理人员为企业提供多样化的决策信息，并为日常的企业经营活动提供管理，使财务管理人员的“管理者”角色日渐突出。在大数据时代各种管理工具的支持下，财务管理人员将进一步发挥基于信息的管理职能，财务管理人员将从“核算者”变成“信息人”，并进一步走向“管理者”的角色。

（二）数据生产方式的转变

数据生产方式的转变是财务管理人员角色转变的动因，随着大数据浪潮在全球范围内蔓延，信息的“生产”工作变得非常简单便捷，财务管理人员脱离数据信息，发挥“直接生产者”角色的作用势在必行。并且，大数据时代的企业会计数据随时都处于动态当中，是动态实时会计数据，“大数据”的真正价值在于通过收集、处理庞大而复杂的数据信息从中获得新的知识。此时的财务管理人员应该从收集和处理会计信息的工作中分离出来，交给专门的信息中心去解决，财务管理人员更重要的工作是对会计信息进行综合和判断，对企业的运营提出预测、给出建议、帮助决策及监测企业战略的实施，扮演好“顾问”“预测者”“风险监测和管理者”等角色，成为专业技能、多面管理的企业运行管理者。

二、大数据时代财务管理人员角色转变的趋势

大数据时代，各种信息网络技术、企业一体化和智能化管理工具的应用，财务管理人员由原来的直接财务信息生产者，变为利用财务信息的管理者。在这种实质性的改变中，尤其是高级财务管理人员群体，将在大数据时代不由自主地利用企业的相关财务信息为企业的管理服务。

（一）企业发展的预测者

在财务管理信息化的过程中，财务部门朝着灵活性和快速响应的目标发展是一个渐进的过程，财务管理人员从静态的报表和财务信息数据管理，转移到为决策者提供动态业务信息的预测性角色，这是财务工作在大数据时代发展的必然趋势。财务部门掌握着企业最全面的原始业务数据，并在企业数据处理工具的辅助下，掌握了获取各方面信息的最有效途径，是企业的“触角”。对于现代企业而言，大数据为企业提供了面向未来的途径，企业关注点更多从“现在”转移到“未来”。财务管理人员完全可以利用专业和信息方面的优势，通过系统的优化和技能的提升，对企业运行的方方面面做到实时响应，具备更多经验和管理职能的高级财务管理人员可以利用财务部门掌握的各项数据，对未来的发展趋势和各种可能的风险、市场等作出预测，并对企业的决策和发展提出建议。只有财务管理人员群体在预测性工作方面作出更多的努力，企业才能做出更为长远的规划，避免短视行为。另外，预测工作的有效实施，是企业建

立一整套问题的解决方案、应对未来可能发生的突发或重大事件的重要保障。当然，财务管理人员要成为企业发展的预测者，离不开有效全面的数据信息和对多种数据信息工具的应用。

（二）企业顾问和其他部门的合作者

大数据时代，核算职能在整个财务工作中的重要性减弱，财务管理人员更侧重于反映和监督职能，并强调其“管理”功能。“反映”职能由原来强调财务信息的客观、透明性，逐渐转变为强调在客观性的基础上，借助信息工具，为企业的管理和决策提供更多符合多样化的需求。财务工作不再过多地强调财务人员现实做账的能力，更深层次地讲，财务管理人员其实正在逐渐成为企业的顾问，随时对企业的经营状况做出评价和总结，并结合其他预测性辅助工具，为企业的经营提供建议。从这个角度来讲，财务管理人员应该充分利用好信息工具，扮演好“顾问”的角色。无论财务管理人员作为“顾问”为企业提供哪些方面的经营评价和建议，财务管理人员的定量职能都是不能取代和取消的。所有这些充分发挥财务管理人员能动性反映作用的角色，都需要以客观、全面的数据作为基础。尽管如此，大数据时代财务管理人员扮演好顾问角色，为企业提供更多的评价和建议，将成为财务管理人员走向管理和辅助决策职能的必经之路，也是现代企业发展的必然要求。

（三）企业风险的预警者

在全球化浪潮中，所有企业都难以避免地要融入更加复杂多变的世界市场，也使得企业自身面临许多更加不确定的问题。财务管理人员掌握了财务及各个业务方面的信息，对企业的运行和决策产生极为重要的影响，在全球大数据形势下，理应扮演起风险管理者的角色。世界市场充满风险，企业需要完备的风险管理计划，并促进整个企业内部的信息集成，建立高度整合、标准化的财务管理组织，更容易察觉企业所面临的风险。可以看出，“风险管理”是财务管理人员扮演“预警者”角色，要想成为优秀的“风险管理者”，财务管理人员需要通过采用某些智能化信息工具做到实时监控，如设定特定风险阈值，通过热图、仪表盘、记分卡反映风险情况，通过预测性分析和建模检测风险情况等。

（四）信息系统的维护者和个性化信息工具的开发者

大数据时代，财务工作最明显的一个变化，莫过于计算机和各种信息工具的广泛应用，财务管理人员以上各项职能的转变都离不开各种自动化、智能化信息工具的支持。长期以来，财务部门所使用的财务管理软件都是由专业的企业管理软件公司开发，并作为商品卖给需要的公司，当然，也有的企业采取自主开发或者委托开发的方式。财务管理软件的维护多由这些软件公司或者开发人员来实现，这种维护方式曾经较好地适应了企业的需求，但在企业未来的信息化道路上，信息软件工具的概念呈现一种

“淡化”的趋势。一方面，更多的员工更深层次地接受并熟练使用这些信息工具，并伴随这些工具在企业中更为普遍地使用；另一方面，企业对信息工具的需求呈现多样性，并非一套或几套解决方案就能够满足企业的所有需要。于是，财务管理人员在解决问题的过程中，不断地发现针对新问题的局部化信息工具的需求，这种需求处处存在，并需要开发者更具针对性、创新性。这就促使财务管理人员应该成为信息化软件的管理和维护者，并在一定程度上具备开发实用性、个性化信息工具的能力，原来的较大规模和专业性较强的管理系统可以继续交给专业公司或团队去开发，但应该由经过适当培训的财务管理人员来进行维护；对于应用范围相对较小、针对性很强、开发难度相对较小的软件，财务管理人员应该成为首要的开发和维护者。这种模式不仅减少企业的运行成本，也为企业的财务工作提供更为便捷可用的信息工具，在日常应用中减少对专业软件公司或信息部门的依赖，使财务管理人员在工作中能够更加独立地发挥好其他管理角色。

三、大数据时代企业财务管理人员角色转变策略

（一）改变财务管理人员观念，提高其综合素质

财务管理人员实现以上角色的顺利转变，自然离不开自身观念的改变和综合素质的提高。首先，观念的转变。大数据时代财务管理人员掌握着企业发展的关键信息，因而需要更加主动地参与到企业的决策中来，财务管理控制已从事后走向事中以至事前，相应地，财务管理人员的观念也有必要从“被要求”转变为“主动”为决策提供便利。其次，应该全面提高自身素质。具体包括 IT 技能的提高和事务惯例处理能力两大方面。大数据时代，财务管理人员要想更好地使用信息工具做好预测、辅助决策等工作，扮演好顾问、预测者等角色，必须具备一定的 IT 技能。同时，也只有财务管理人员做到透彻理解、正确运用，才能正确使用和维护财务管理信息系统，提升系统以及企业信息的安全性，保障企业的利益。大数据时代更多变复杂的外部环境迫切要求财务管理人员更加敏捷、全面地对企业运行状况做出分析，并使用创新性、安全、高效手段将这个辅助决策过程变成程序化、自动化的过程。

（二）为财务管理人员建立统一的信息平台

财务管理人员应该适应信息生产集中化、自动化的趋势，整合财务管理部门的资源，实现“信息生产”功能的独立。在未来的财务管理工作中，部分财务管理人员将自己的注意力更多地放在解决一些更加前瞻、更加灵活多变的非结构化问题上，比如投资分析、年度规划、决策支持、风险管理等，以便于在财务管理工作中充分利用和发挥“数据”和“信息技术”的作用，实现“财务管理”和“信息数据”的更好结合，进行数据分析。

信息中心的独立和统一信息平台的建立，对企业的信息管理有重要意义：统一信息中心的建立，可以让有用的信息通过一个覆盖整个企业的信息平台和网络在企业内部自由流动，实现管理的高效，同时还可以降低信息的收集和处理成本。在财务管理部门的领导下，信息部门的信息获取和加工更加围绕企业的战略和需要开展。统一信息平台的建立及财务管理信息获取的集中化，不仅可以利用信息资源和信息工具提高企业经营效率，也使整个企业连成一体，信息自由流动，各业务部门全部活动都以提升企业价值为核心，实现“1 +1 >2”，达到以大数据促进企业价值提升的作用。

（三）改善组织结构和优化工作流程

财务管理人员角色实现转变的道路上，统一的信息平台、信息数据的自由流动、财务管理人员承担多重复合角色并主动发挥更大作用，其实都需要以企业组织、结构工作流程的改善为前提。组织结构方面，扁平化、柔韧化和灵活性是现代企业组织结构发展的要求，企业需要兼具灵活性、安全性与创新性于一体的组织形式。为了便于财务管理人员更好地发挥其顾问、预测者、价值链整合管理者等新的角色，企业需要在整个企业范围内，建立扁平化的组织结构，并采用多维制和超事业部制的结构，以实现在沟通上更顺畅、管理上更直接、合作上更灵活、运行上更高效。另外，针对一些特殊的情形，还可采用虚拟化的结构，把不同地点以至不属于本企业的人才资源联合到一起，实现跨越时空的合作联盟。企业需要进一步规范和优化工作流程，并将其制度化，确保企业的各项流程无缝衔接，并确保各流程都在企业信息系统和风险管理系统的可控范围内。这样，才能实现信息中心所获得的各项信息的全面性和完整性，便于企业风险控制措施的更好实施。

（四）加强企业内部控制，明确财务管理人员权责

大数据时代，由于信息的收集、处理工作更加自动化、流程化，非结构化问题在财务管理人员工作中占据更大的比例。在解决这些问题的时候，需要财务管理人员更好地发挥主观能动性，财务管理人员也因此拥有更多的自主权。然而自主权放宽的一个重要问题就是，可能导致财务管理人员不适当地使用权限而对企业的利益造成损害。因此，加强内部控制，保障系统和信息安全性、杜绝财务管理人员滥用职权的行为，也是财务管理人员角色得以顺利转变的重要方面。针对财务管理人员权限规范问题，企业应至少做到三点：一是对每一个职位进行完整的职位说明，将职位说明书交由在岗人员学习，并在日常的工作中，结合工作实际不断地将其补充、完善；二是完善各项工作的工作流程，将所有的步骤都纳入内部控制体系的范围；三是建立完善的内部控制体系，将各项措施以制度的方式规范化、确定化，为各项措施的实施提供切实的依据。在实施方面，着重从内部控制的三个环节入手：事前防范，要建立内部控制规章，合理设置部门并明确职责和权限，考虑职务的不兼容和相互分离的制衡要求，还

应建立严格的审批手续、授权批准制度，减少权力滥用和交易成本；事中控制，如财务管理部门应采取账实盘点控制、库存限额控制、实物隔离控制等；事后监督，如内部审计监督部门应该按照相应监督程序及时发现内部控制的漏洞。

第六章　大数据时代企业财务管理面临的挑战与变革

第一节　大数据时代企业进行财务管理变革的必要性

随着大数据、云计算、互联网等信息技术的兴起与发展，社交媒体、虚拟服务等在经济、生活、社会等各个方面的渗透不断加深。伴随而来的是，数据正在以前所未有的速度递增，全球快速迈入大数据时代。舍恩伯格在《大数据时代》一书中指出："数据已经成为一种商业资本，一项重要的经济投入，可以创造新的经济利益。事实上，一旦思维转变过来，数据就能够被巧妙地用来激发新产品和新型服务。"

一、企业财务管理理论面临大数据的挑战

关于公司财务，中英文都有多种表述，如公司理财（Corporate Finance）、公司财务管理（Corporate Financial Management）等。这里将"公司财务"的概念定位于"企业财务管理"，理由是这门学科应该以非金融企业为主体，关注企业如何利用财务理论和金融工具实现财务资源的组织与配置，并对企业价值产生一系列的影响，包括财务决策、计划、控制、分析等。无论是公司理财，还是公司财务管理，从学科内容的角度上理解，两者基本是一致的，主要包括资本预算、融资与资本结构、股利政策以及并购等。公司财务管理理论的核心概念或工具，如净现值、资本资产定价模型、资产组合、资本结构、期权定价模型等，已成为财务管理理论向纵深发展的标志性成果。目前，以实证模型主导的财务理论已取得了科学突破，并形成了一系列的相关延伸理论，如一般均衡理论、博弈理论、资产组合最优化模型和衍生品定价模型等。但当主流财务学被习惯性地披上数学和物理学的外衣时，这两个学科本身所具有的严谨性，可能会给人们尤其是企业家、监管者、政策制定者留下一种错误的印象：财务学模型得出

的结论精确无误。

我们相信，大数据、云计算、互联网经济环境都在挑战着建立在诸多完美假设基础上的现行财务管理理论与原则。这些挑战包括：股东价值的计量与提升路径是什么，财务风险如何计量与防范，公司财务理论应该如何服务于公司财务管理实践，财务理论是否需要重新构建。笔者主要从理论服务于财务管理实践的立场，指出当代企业必须正视现有公司财务理论与命题存在的局限性，否则将会有碍于财务管理实践创新与其作用的发挥。

二、中国企业基于大数据实施财务管理系统创新

近年来，我国一批企业已开始实施基于大数据的财务管理系统创新。比如，以中石油为代表的一批大型企业推动的“大司库”项目。所谓“大司库”，就是通过现金结算集中、多元化投资、多渠道融资、全面风险管理、信息系统集成等手段，统筹管理金融资源和金融业务，有效控制金融风险，提升企业价值。中石油的大司库信息系统通过与内外部系统，包括 ERP、会计核算系统、预算系统、投资计划系统、合同管理系统以及网上报销系统等数据的集成对接，实现信息共享。同时，内部各子系统、各模块间的无缝衔接，使大司库系统成为一个有机、统一的整体，并可以直接服务于集团大司库管理。就资金管理系统而言，大司库对总部各部门和各分公司、子公司进行从上到下、从横向到纵向的整合，将原有的 400 多个资金管理的流程简化为 100 多个，实现以大司库管理业务为线条，业务经营、现金管控与财务核算端对端的衔接。

上述财务管理创新案例给我们带来很多启示，至少表现在两个方面：一是应认识到财务管理实践的创新驱动着财务管理理论的发展；二是理论界经常提及的企业财务管理、资金管理、管理会计、战略财务、内部控制、全面风险管理、会计管理、预算管理、成本控制等，其概念内涵与定义边界越来越模糊。

大数据会给企业的经营和管理带来改变并对其产生影响，这必然导致当今企业经营理念、商业模式、管理方式、战略决策发生较大的变化和创新。以创造价值为宗旨的企业财务管理理论与实践应积极思考和应对大数据时代带来的挑战与变革。

第二节　大数据时代企业财务管理的风险挑战

一、公司价值内涵与驱动因素的变化

企业财务管理的基本目的是使公司的价值最大化。然而，在财务管理的理论与实

践中，许多金融学者都把“公司价值”与“公司股价”的概念进行了比较，即公司的市值是企业价值的最直接体现。“市价”是金融决策和评估理论和实践中最重要的、唯一的标准。现行的金融理论认为，企业的内在价值主要由企业的利润、现金流量、净资产等因素决定，因此，将市盈率、市净率、市销率、现金流折现法等作为企业的价值基础。

在大数据时代，投资者对公司的价值的认识与判断，已不仅仅是公司目前的利润、现金流、分红、营业收入等，而是建立在公司经营模式、核心竞争能力、持续创新能力等方面，而非股东的财务投入和财务资源的大小。这些资源可以是点击率、用户基础、信息平台，或者是数据。数据的规模、活跃度以及数据收集与利用的能力，将会决定一个公司的核心竞争力。

如今，人们对公司是否成功的判断，不再是单纯的财务指标，而是以其在市场上获得顾客的能力为依据。然而，传统的金融理论对公司利润模型的研究却很少。虽然在现实生活中，公司的价值主要由金融市场来体现，但归根结底，公司的最大价值在于通过在商品市场的商业运作中，吸引更多的顾客，并建立自己独特的商业模式。

事实上，现金流折现法主要适用于债券、优先股及其他固定收入证券的估值，以及定期、定额分配股利的股票，不宜对那些拥有显著成长潜力、无形资产规模巨大的公司进行估值，尤其不宜用于高科技、新经济等领域。

从近两年来的股市表现来看，创新、网络是大数据时代企业经营模式的基础。只有通过“触网”，企业才能充分运用大数据进行精准数据挖掘，及时掌握顾客的差异性需要，并根据顾客的不同爱好和需要不断提升用户体验。企业经营模式的核心动力不在于资金的投入，而在于技术创新、制度建设、品牌经营、服务提升、流程再造等。

二、财务决策信息去边界化

财务管理、成本管理、预算管理、业务管理、项目管理等，都是以大数据为基础的。在财务决策与分析信息的分类上，企业的信息主要来自行业发展信息、资本市场信息、货币市场信息、客户与供应商信息、企业战略规划信息、业务经营信息、成本质量信息、技术研发信息、人力资本信息和业务信息。

在大数据时代和互联网时代，企业获取决策信息的成本更低、速度更快、针对性更强，企业内部，特别是大集团企业内部，由于长期独立经营而产生的“信息孤岛”被打破，从而使财务和商业信息相互融合。

在大数据环境中，由于各企业之间的数据不能互联互通，将会影响企业对大数据进行整合和挖掘。应用大数据首先要实现数据集中。因此，实现企业财务和业务的整合，突破传统的会计信息界限，是现代财务管理改革的必然趋势。

三、投资决策标准变革

目前的金融理论认为，一个投资决策的可行性取决于能否增加公司的财务资本回报率或股东的财务收益，其中包括货币时间价值，因此，比较成熟的财务指标（净现值、内部收益率）等，都是建立在对投资项目的现金流量进行折现的基础上。但在大数据时代，上述评价方法的缺陷越来越明显：第一，预测的现金流量预测不正确，将会直接影响到投资决策；第二，现有的评估方法不适用于对资金流和未来现金流量不明显、不明确的投资项目的评价，或仅对传统的重资产运营方式有一定的影响。

运用大数据技术可以有效地克服投资项目评价方法存在的两大缺陷。首先，由于大数据自身具有的特点保证了大量现金流量的投资估算的精确性。其次，对于资金流动不足的战略投资，大数据的运用，不但可以从传统的金融视角来审视，还可以从资源（客户、产业链等）和未来（市场份额、行业地位等）综合考量。此外，利用大数据技术，可以实时、准确、全面地收集和评价投资成果，并将其与投资前的预测数据进行比较，从而形成一个项目的动态反馈。这样的动态反馈不仅能对投资项目进行监测，还能为企业积累评价经验，从而提高今后的项目投资成功率。

四、公司治理创新

实际上，“触网”企业在公司治理中，基本都是以“合伙人制”代替雇佣制。在网络经济时代，企业的成功要素是“团队第一，产品第二”。只有优秀的团队，才能创造好的产品。小米公司创始人之一黎万强在他的《参与感》中指出：“员工要有企业家精神，要热爱自己的工作，员工的企业家精神就会旺盛，积极性也会更高，所以不需要建立一套管理体系，也不需要 KPI。小米没有 KPI，并不代表我们公司没有目标。小米是怎么做到的？我们并没有将 KPI 强加于雇员，而是作为合作伙伴来处理 KPI。我们的 KPI，更多的是衡量一家公司的发展速度，看看我走到了什么层次，这样才能更好地分配资源。小米对流程的重视远胜于成果。只要工作人员做好了，就会有很大的收获。”

詹森（Jensen）从内部控制、外部控制、法律和政治、产品市场的竞争四个方面提出了公司治理的四个基本途径。公司财务和金融市场的健康发展和运行，离不开内部治理、外部监管等制度和企业对管理者及雇员的监管。而企业在创新、产品竞争、企业文化等方面忽略了企业的信任和激励。从合作伙伴到核心人员，都要有充分的利益保障、授权和尊重。

在大数据与网络时代，知识与创新是企业发展的动力。以“人力资本”“信息”代替“财务资本”，是企业生存与发展的源泉。在企业中，员工的广泛参与也必然会对其组织和文化产生一定的影响。在大数据环境中，分散决策是以分散的方式进行决策的，这是由于外部环境的动态性和知识的分散性。企业应该努力降低内部的管理层次，鼓励跨层次的沟通，加强组织共享，协调服务，鼓励自主学习和创新，注重内部信息流、知识和技能，而不是对管理结构和决策系统的重视。另外，随着大数据的价值分析和挖掘，企业的财务决策机制应该由基于业务驱动的财务管理模式转向基于数据驱动的财务决策。通过对一线数据进行分析，建立以数据为基础的学习型企业文化和系统。

五、企业财务风险管理预警系统的构建

（一）财务风险预警体系的构建原则

1. 灵敏性原则

在构建财务风险预警系统时，筛选出的财务指标必须具备敏感反映企业经营活动状况的能力，这意味着企业经营状况一旦出现波动，财务指标能够在第一时间将相关信息传递给信息使用者。因此在构建财务风险预警体系时，应优先选择对财务风险有预见性作用的财务指标。

2. 动态性原则

企业经营活动在不同时间、不同状况下，其所得到的效果是有差别的，面临的财务风险也是不同的，因此需要选取的财务指标是动态性的，可以时刻对企业的运营活动做出反馈。只有不放过任何一处财务上的变动，才能使企业时刻处于一个动态的调整中，以此进一步提升企业对当下环境的适应能力，避免财务风险造成损失。

3. 成本效益原则

众所周知，企业经营活动的最终目的是获得效益，那么在企业财务风险预警体系的构建中，保证企业能够获得利润是不可忽视的一个关键。一方面应合理选取使企业获得高收益的财务指标，另一方面应避免会造成大量人力、物力、财力损耗的财务指标的使用，用合理范围内较低成本的财务指标进行体系构建。

（二）财务风险预警系统构建

1. 企业财务风险预警系统的基本结构

（1）初创期财务风险预警指标体系的结构如图 6－1 所示。

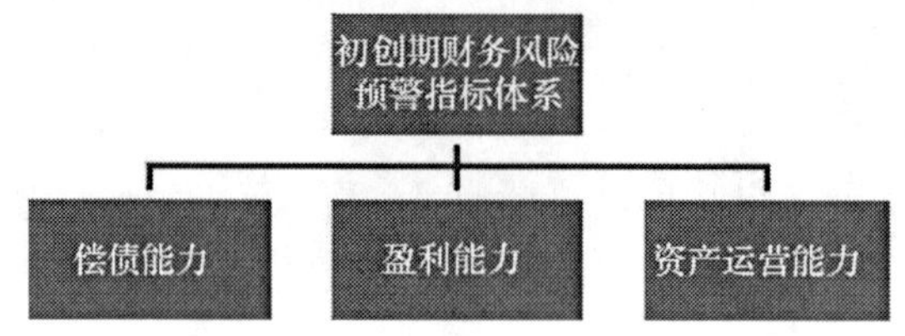

图6-1　初创期财务风险预警指标体系

（2）成长期财务风险预警指标体系的结构如图6-2所示。

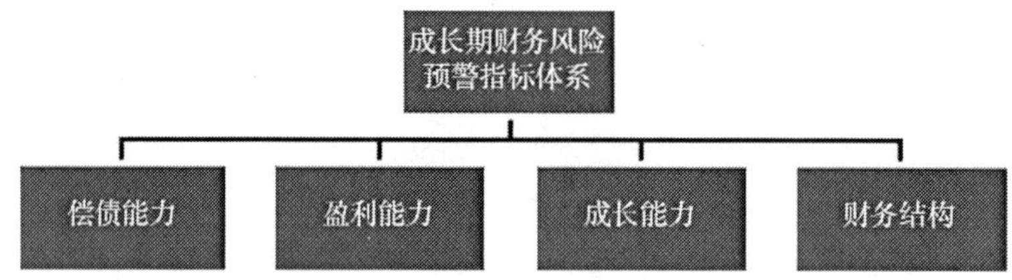

图6-2　成长期财务风险预警指标体系

（3）成熟期财务风险预警指标体系的结构如图6-3所示。

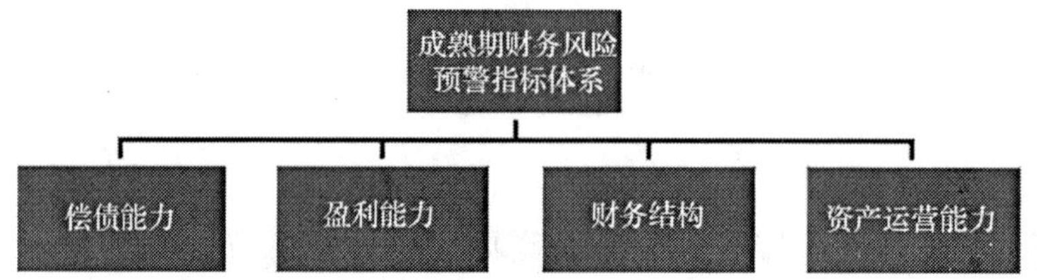

图6-3　成熟期财务风险预警指标体系

（4）衰退期财务风险预警指标体系的结构如图6-4所示。

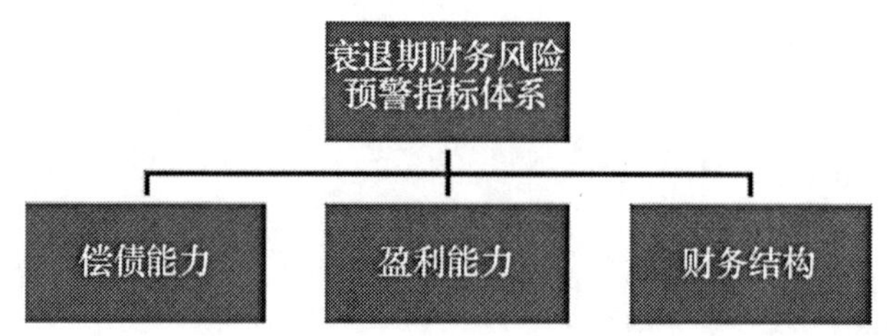

图6-4　衰退期财务风险预警指标体系

2. 建立企业财务风险预警系统的做法

（1）加强自身建设，适应客观环境的变化。当下经济、政治等外在环境要素在不断地变化，这也意味着特定时间段对企业自身的要求是不同的。要适应环境，实现长远的发展首先就要加强自身建设。按照当下环境的需求，在谋求自身提高的过程中，建设有自己特色的财务治理系统，发展领先的专业技术，合理配置人力资源，保证企业经营流程具有科学性和完善性，严格对企业经济活动进行组织，使企业能够适应不断变换的客观环境的同时还能合理规避财务风险取得预期经营成果。

（2）员工应具备财务风险意识。企业财务风险与整个企业的经济效益密切相关，还关系到员工自身的利益。企业活动的各个领域、各个岗位都有财务工作的身影，从领导到基层员工的工作内容与财务都是不可分割的。尤其是一些十分关键的岗位，这些岗位职能要求明晰财务风险的临界值，要求相关岗位的员工时刻对财务风险保持高度的敏锐性，因此，让相关员工在解决业务时具有财务风险的概念，能够有效地防止财务风险给企业带来的损失。

（3）完善企业内部控制制度。企业的长远发展首先要从自身内部控制制度的完善做起，内部的强大可以使企业分配更多力量用于企业外部的发展建设。企业内部控制涉及企业经营的各个流程，完善企业内部控制制度，需要从运营程序、管理制度等方面严格监督企业。企业内部控制制度可以有效地防范财务风险的发生。

（4）保证财务决策的准确性。降低财务风险可以通过保证财务决策准确性得到实现。财务计划的决策有很多，但在进行决策的过程中应该排除经验主义和主观主义。经验主义基于过去的经验做出财务决策，根据已有记录的决策进行循规蹈矩的决策，这种决策通常为低阻力、低风险，操作难度较小，这是造成这种趋势的原因。一方面，经验主义意味着更方便做出决策；另一方面，经验也是具有时效性的，当时适用的经验并不意味着现下的大环境适用，过于依赖经验会使企业无法针对性地对现有情况做出反应、调整，使问题不能及时得到解决，从而加大财务风险。主观主义是指以自我为中心，以自己的第一判断作为企业决策的依据。主观主义有鲜明的个人色彩，具有独特性，但是往往主观主义会使企业管理者无法谨慎地做出最理智的企业决策，因此在决策阶段应排除或限制性地采用主观视角，应以具有科学性的理论实践作为做出决策的依据。

（5）明确责任，保证权责、利益高度统一。各岗位各部门在企业中都有其职责所在，在企业经营管理活动中，每个人都有相应的权利和义务，应该对所处的部位岗位负责。因而，涵盖以下四方面：第一，合理分配职能，企业所有部门职能应涵盖企业经营活动的所有流程；第二，部门之间应该详细划分职能，各司其职，明确经营活动中每一部分的责任归属；第三，再分配利润阶段必须考虑到每一方的利益，培养员工对企业的信赖归属感，提高对工作的热情；第四，也是最重要的一点，实行问责制，哪里出现问题就由所负责的部门负责。通过这些制度的制定，明晰企业中的权责关系，防范财务风险的发生。

（6）合理配置资本结构。任何企业的经营都离不开资金，企业的资本结构由资金来源和去向所决定，同时资本结构也决定了其偿债能力。当企业本身资金无法满足企业运营活动需要时，就需要借助外债，合理的负债水平对企业是有促进作用的，它可以使企业有充足的资金迎接机会和挑战，在压力下谋求企业快速发展，使企业不会因为资金匮乏而错过机会。但超出正常标准的债务，特别是企业利润率低于债务利息率时，会给企业带来十分严重的财务风险，使企业陷入亏损的恶性循环。因此，必须合理配置资本结构，在风险中谋求发展。

（三）构建企业财务风险预警系统模型

1. 单变量模型

利用现金流量和负债作为财务预测的成果由美国金融学家威廉·比弗在将统计用于财务风险问题研讨的过程中发现，他指出单变量模型具备直观、简单的长处，但也存在不足之处。

（1）现金和负债模型的探索分析是片面的，其缺乏对债务结构性和流动性的考察，当企业出现较大危机时将会因为短期偿债能力的缺乏，而招致企业做出较大的误判。

（2）净利润和总资产没有与资产因素进行组合，有差别的资产项目在企业利润进程中发挥着不同的作用。

（3）因为差异性财务比率的预测方向和能力体系的构建，单变量分析方法往往存在较大的差距。

因此，单变量决策模型备受诟病，并被多变量方法缓慢取代。

2. 多元判定模型

多元判定模型是由美国金融学家爱德华·奥尔特曼提出的一种模型，因此又称奥尔特曼模型或Z分数模型。在此模型中提出企业破产是由于偿债能力的丧失所导致的。在企业从运营状况良好到发生财务危机再到破产清算的进程中会表露出可预测的信号。经由大量研究分析后，1968年初次提出了多元Z值判定模型。

该模型把企业变现能力、资产规模、获利能力、财务结构和偿债能力等方面联结起来，变量前的系数为剖析指标与当下财务状况的权重关系。当Z值偏小时财务危机出现的概率就越大。

3. 功效系数模型

该模型对应的方法称为功效系数法，经常在综合分析国民经济效益过程中使用，经此方式利用企业经济效益对财务风险进行预警。该措施分为三个步骤：第一，对选择的评价指标的满意值和不允许值制定规则；第二，对各指标的单项功效系数剖析布局，再依据重要性的轻重，运用特尔菲法计算清楚对应的权数；第三，企业综合功效系数通过加权平均法计算分析得出，可利用得出的综合功效系数对风险进行预警。功效系数模型评价指标如图6－5所示。

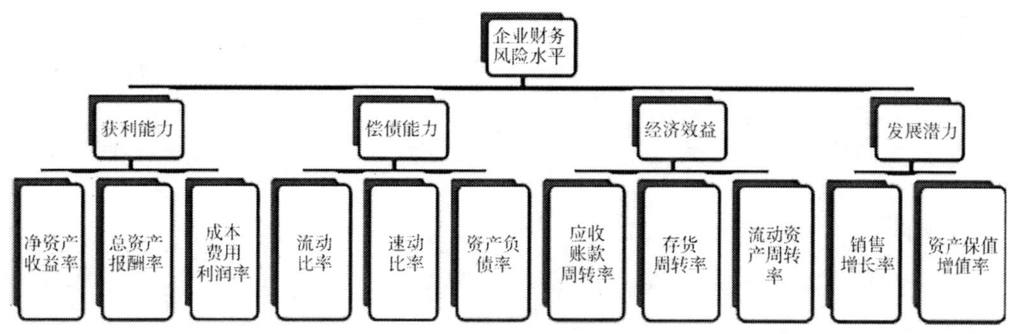

图 6-5　功效系数模型评价指标

依据各指标特点，经过数值大小反映出的财务情况分为以下几点：越大越好的数值，为极大型变量；越小越好的数值，为极小型变量；若数值在某个确切的点位状态最好，则为稳定型变量；若在某一区间状态最佳，则为区间型变量。计算公式如下：

$$\text{极大型变量单项功效系数}=\begin{cases}\dfrac{\text{实际值}-\text{不允许值}}{\text{满意值}-\text{不允许值}}\times 40+60(\text{实际值}<\text{满意值})\\100(\text{实际}>\text{满意值})\end{cases}$$

$$\text{极小型变量单项功效系数}=\begin{cases}\dfrac{\text{实际值}-\text{不允许值}}{\text{满意值}-\text{不允许值}}\times 40+60(\text{实际值}>\text{满意值})\\100(\text{实际}<\text{满意值})\end{cases}$$

$$\text{稳定型变量单项功效系数}=\left[1-\dfrac{\text{实际值}-\text{不允许值}}{\text{满意值}-\text{不允许值}}\right]\times 40+60$$

$$\text{区间型变量单项功效系数}=\begin{cases}\left[1-\dfrac{\text{下限值}-\text{实际值}}{\text{下限值}-\text{下限不允许值}}\right]\times 40+60(\text{实际值}<\text{满意值})\\\left[1-\dfrac{\text{实际值}-\text{上限值}}{\text{上限不允许值}-\text{上限值}}\right]\times 40+60(\text{实际值}>\text{下限值})\end{cases}$$

$$\text{综合功效系数}=\sum(\text{单项功效系数}\times\text{该指标的权数})/\text{权数}$$

计算出数值后，与表 6-1 进行对应。

表 6-1　计算结果

警限	综合功效系数	说明
巨警	≤60	表明企业财务风险极高，财务状况很差
重警	60~70	表明企业财务风险极高，财务状况较差
中警	70~80	表明企业财务风险较高，财务状况一般
轻警	80~90	表明企业财务风险略高，财务状况较好
无警	≥90	表明企业财务风险不高，财务状况良好

该模型可用于长期预测企业财务风险，对短期财务风险的预判可能收益甚微。但

它的操作性很高，是可用的一种办法。

六、融资方式调整

随着网络业务的不断发展，公司的资金配置趋向于“轻资产”的方式。轻资产模式的特点是：在固定资产和库存上，大量的资金投入，通过内部资金或 OPM（利用他人即供应商的资金进行运营），很少依靠银行贷款等间接融资，实行无股利或低股利分红，往往保持较充裕的现金储备。

轻资产经营模式使得公司财务融资逐渐走上“去杠杆化”的道路，逐渐摆脱了传统的以“重资产”为基础的信贷审计方式。在网络经济时代，随着公司经营的日益透明，传统的财务思想中强调通过适当的财务杠杆来增加股东的利益，已经变得不合时宜。

此外，传统的财务管理把企业内部的融资、投资、业务经营等都分割开来，也就是说，企业融资的目标仅仅是为了企业的投资和经营，而对财务结构的控制则只能从资金结构上考虑。网络时代，企业的资金和商业运作得到了全方位的融合，而商业运作本身又包含了财务融资。

第三节　大数据环境下企业财务分析变革路径和成效

大数据时代数据海量，类型多变，企业在市场经济竞争中想要取胜需要在掌握数据资源的基础上，利用大数据技术分析和挖掘数据背后的潜在价值。基于大数据财务分析平台的建立，本节分析了企业在大数据环境下财务分析变革的实施路径，指出企业和财务从业人员应当从思想、数据、技术、信息、知识五个层面采取措施，并预估了企业财务分析变革后能够取得的成效。

一、大数据环境下企业财务分析变革路径

大数据时代财务分析的目标是发现数据，并深入挖掘其隐藏价值，为企业的决策提供依据。那么在大数据时代企业如何才能真正实现新时代企业财务分析的转型？可以从以下五个层面来变革。

（一）思想层面

树立大数据应用理念，转变思维模式。大数据时代企业的财务分析离不开管理层的支持，管理层对于传统的企业数据分析可谓驾轻就熟，根据累积的历史数据，加之

以往经验来进行决策判断，这样的案例比比皆是。根据调查，现在的企业中有很大比例从未在内部进行过有关大数据的宣传，包括以讲座、培训等方式进行的相关知识普及。一些管理者本身对大数据的不了解很大程度上导致大数据在企业的应用滞后，再者考虑到大数据在企业的应用平台的缺乏、处理技术的落后及推行成本的高昂使得管理层面对大数据望而却步。但是决策者们必须意识到，时代在发展，市场的竞争越发激烈，如果停滞不前墨守成规最终的结果只能是被市场经济淘汰。

知名的管理学家波特提出三种基本竞争战略：成本领先、集中化和差异化战略。在大数据时代，大数据战略将成为企业的第四种竞争战略，并且将对传统三大企业竞争战略产生重大影响。如今的市场，大数据时代已经到来，如果企业不能紧跟社会的步伐，不能从大数据中发掘商机、识别风险，不能将大数据同企业管理结合应用，那么在未来的行业竞争中被击败是不可避免的。管理者把控企业发展方向，企业意识形态的革新源自企业管理层的推动，只有管理者具备了大数据管理意识，才能从根本上树立起企业的大数据意识。当然，单凭管理者大数据分析意识的提高并不能解决所有问题，更应将思想贯彻到执行者中。大数据时代信息技术的发展满足了数据展示的需求，也为财务工作的创新提供了良好的机遇，企业财务人员应转变分析思维，进行财务分析的适当转型，重视大数据并将之运用到实际的财务分析工作中，建立大财务的思维模式，在对财务工作的完善过程中努力使财务分析成为企业财务管理的核心，使财务管理居于企业经营管理的核心地位。

（二）数据层面

1. 扩充数据量和拓宽信息来源

财务数据记录了企业经营活动和资金流转情况，是企业财务分析的基础，通过对其处理分析，能够发掘经营过程中的风险，采取针对性的措施，正确决策以避免风险。大数据时代数据容量扩大，财务人员需要处理的不再仅仅是部分与财务相关的数据，而是所有的数据，由于技术、人工等多方面的限制，这在传统的财务分析中是难以实现的，但在大数据时代处理全部的财务数据成为可能。此外，财务分析不应局限于对财务信息的分析，未来随着财务分析在企业决策中占有越来越显著的地位，财务分析的内容也应涵盖非财务信息，通过会计综合报告等运用，使财务数据系统成为一个综合的立体化的企业信息系统，从而为企业提供综合性强、准确度高的决策信息。基于大数据的数据收集、处理和分析，企业的财务数据可实现质和量的重大变革，为企业带来不可限量的增值价值。

2. 建立财务数据仓库

海量数据的存储需要专门的数据仓库，过去的数据库中除了常见的结构化数据，还包含抄录到系统中的原始凭证等纸质资料，在数据库中存储的信息势必存在不完整性，如果想要看到源头的原始凭证，就得从一大堆纸质资料中去翻阅。尽管有的企业编排归类做得很好，可是工作烦琐，也容易破损和丢失，并且占据了很大的空间来存储，还不易查找。在大数据时代可以完美地解决这一问题，我们可以将凭证等纸质资料“数据化”，利用扫描技术和先进的数字处理技术来实现，丰富企业的数据仓库。目前我国有少部分企业建立了内部数据仓库，但是还存在很大的不足。《财经信息技术会计核算软件数据接口》中规范了部分数据标准，如会计科目、凭证、报表等，实现了会计信息化的企业可以使用具有标准化数据接口输出能力的财务核算软件，根据数据接口的标准要求，输出和保存企业历史数据，建立属于自己的财务数据仓库。数据仓库的创建过程涵盖三个重要的步骤：对数据抽取、转化、加载。在完成创建后，需要采集不同数据源的财务数据，进行转化再加载到数据仓库之中，其目的是整合不同类型的数据源，使数据仓库中的数据标准化、规范统一。建立起企业数据仓库之后，就可以轻松地导入和导出标准化数据，实现财务信息共享。数据仓库可以做基础数据的查询，还可以实现企业历史数据的纵向分析，也能够提供行业内相关企业的经济业务数据做横向分析，企业可以根据自己的需求，基于数据仓库之上再分析具体的业务。

3. 改革数据处理方式

我国财务数据的处理方式主要经历了三个发展阶段，即纯手工做账阶段、会计电算化处理阶段和网络化处理阶段。大数据时代数据的处理方式发生了变革。数据的结构多样性、产生与传送的快速性和连续性，不仅对财务人员的专业素质和素质敏感性提出了更高的要求，也给财务数据处理技术提出了更大的挑战。现有大多数企业主要是采用从财务软件中导出数据，利用 Excel 进行人工分析的处理形式。这种方法耗时费力，一是处理的数据量有限，二是容易出现失误，三是在实操过程中经常会遇到数据出错或者 Excel 崩溃的情况，而且数据更新迟缓，这样分析得出的结果准确性和及时性不高。因此在大数据时代应当突破传统劳动密集型处理方式，将有限的人力放到关键的岗位，以先进的科技手段进行财务数据的处理和分析。

（三）技术层面

为了实现上述财务数据处理方式的变革，应当建立全新的大数据财务分析平台，并实行相关技术标准以规范数据处理。大数据财务分析平台应当是建立在云计算的基础上，云计算和大数据相辅相成，运用云计算的模式，开发出适用于大数据的程序，使得多种形式的财务数据的处理成为可能，也可以对不同的企业个体特征设定不同的处理程序。可以从以下四个方面来实施：首先，是硬件和软件技术的改革，完善云计算平台制度，发展云端技术在财务领域的应用；其次，在政府对大数据的大力支持和技术人员的带动下，行业内建立统一的财务数据挖掘和信息分析系统；最后，国家制定统一的数据的输入、存储和输出相关技术标准，企业应按照标准执行。

理想中财务大数据信息平台应具备如下功能：实现各种财务数据的收集和转换，包括企业内外部、历史的和即时的、结构化和非结构化数据，这是必备的基本功能；

能够针对不同企业的需求构建不同的处理方案，没有任何一种程序可以满足所有企业的需要，因此个性化设置很重要；实现在同一数据协议下多源异构分布式数据的处理，将不同企业、多种结构、不同格式的数据汇集到一个平台处理；支持以多种方式（包括代码、插件、流程、脚本、模块、数据库等）运行的功能的使用，且功能可以单独运行或同时启动；可以根据应用环境的变化，迅速搭建平台对功能作出调整，采用柔性结构设计，是开放式的应用集成系统。

（四）信息层面

1. 更新企业组织结构

组织结构是组织正式成立，用于分配、整合和协调工作任务的框架体系。企业财务管理组织结构设计应考虑到企业的性质和经营规模、行业特点、企业类型、企业整体的组织形式等诸多因素，如岗位部门的设置应反映明确的分工、责权的要求，确保企业财务工作的顺利进行。传统的企业财务组织结构通常采用职能化部门，设置资金部、会计部和财务部，大型企业因为业务广、人员多，财务组织结构的划分更细化，即便如此，财务分析也几乎未曾作为一个专门的岗位被设立。在大数据时代，企业的组织结构应往如下几方面变革：首先，财务管理组织结构内部增设负责大数据信息开发平台的专门部门；其次，设置财务分析师一岗，提取大数据中有价值的信息，采用统计分析、分布式处理等技术，将决策信息以通俗易懂的方式传递给信息使用者；最后，财务大数据的运用应是企业所有部门联合的过程，财务数据来源于企业生产经营的每一个阶段，全员参与是时下大数据财务分析的一大特点。

2. 实施信息安全管理

大数据时代企业遭遇的一项重大挑战便是信息安全缺乏保障，在技术发展的同时，企业信息保密工作也不能忽视。我们可以从以下几个方面来实施安全管理。

（1）划分信息安全等级。完善公司内部制度建设，给数据信息划分不同的警示级别，每一个级别的管理人员对应不同安全等级的信息使用权。

（2）技术防盗。如对企业隐私信息采用人脸识别、指纹加密等技术。

（3）加强网络监管。内网外网联合监督，关键数据采取硬盘或云端备份，防止黑客侵入。

（4）使用安全可靠的软件平台。从源头杜绝信息泄露的风险。

（五）知识层面

1. 培养复合型财务分析人才

大数据时代对财务分析人才的需求缺口巨大，财务人员不再局限于核算、监督等工作，应超越固有的财务思维，站在更高层次思考财务问题，应当具有统领全局的战略观，不仅要有过硬的专业知识、组织流程设计规划能力、系统构架能力，还应当具备业务分析能力、敏锐的理解洞察能力，这对传统的财务人员而言是相当高的要求。目前来看，大部分的企业并没有大数据分析人才的储备，由于大数据在我国发展时间很短，高校也尚未增设相关专业学习课程，在对数据的模型分析上企业也没有足够的人力资源。这就要求在国家政策的推动下，高等院校能尽快开设相关课程，培养高学历高教育水平的大数据人才；企业开设大数据培训或讲座，鼓励财务人员多学习大数据的分析和应用技术，可选拔一些人才出国进修，建设企业大数据财务人才队伍。

2. 重视定性分析，增加非财务指标

传统的财务分析基本是定量分析，因为结构化的数据处理技术相对成熟，方法简单易操作，而企业的一些经营活动无法量化，导致在分析过程中丢失了一大部分信息。在大数据环境下可以实现文本、邮件等诸多非结构数据的处理，对定性指标的分析可以补充和完善定量分析的缺陷。另外，财务分析方法也不应局限为单一的某种。传统企业财务分析多采用比率分析或比较分析，针对的是企业历史数据，且多为静态分析，分析的指标也基本为财务指标。大数据时代对数据可以实时接收处理，实现动态即时分析，可以涵盖财务和非财务信息，增加对非财务指标的分析，实现各类指标的综合应用。

二、大数据环境下企业财务分析变革成效

企业实施以上五个层面的变革，能拓展财务分析的深度和广度，使企业决策管理具备前瞻性，大数据环境下企业财务分析变革预期取得的成效如下。

（一）使国内外同业比较分析成为可能

同业比较分析是将公司与其同行业、同领域的企业进行比较分析，以此判断其自身财务状况在同行业中所处的位置，根据比较结果，找出问题所在。所有公司的经营必然会受到行业发展情况和宏观经济形势的影响，处在行业内的每一个企业的实际财务状况都不会严重偏离该行业的发展水平均值或者经营状况。可以把一家企业的财务数据和财务指标与行业均值或行业高值作对比，寻找出其中的差异，然后找到对公司经营情况和财务状况分析调查的重点。以往财务分析多以企业内部分析为重，采用大数据财务分析平台可以实现内外部分析相结合，国内同行业分析和国外同行业分析作对比。相较于过去的数据获取渠道而言，大数据技术打通了闭塞的信息渠道，让企业内外信息交互流通，获取的企业信息也不再局限于上市公司披露的内容。

同业比较分析第一步是找出同业比较企业。同业比较企业的选择很关键，直接影响着分析结果的准确性。运用大数据技术可以获取海量企业的数据，但是由于价值性低的特点，首先需要在财务分析平台中导入行业分类标准作为选择条件，利用已构建的大数据财务分析平台进行知识数据的采集；然后根据公司主营业务或者主营业务收

入占比大的业务，进行行业细分，从中准确地筛选出需要的企业，即为同业比较的对象，对选中的企业进行业务数据的采集。

同业比较分析第二步是对获取的数据进行分析整合。获取的数据已经存入企业的大数据平台，将结构化数据、半结构化数据和非结构化数据分别存入相应的数据仓库，对这些数据进行价值挖掘，通过指标分析结合对比分析方法得出国内外同业企业的最高值、最低值与平均值，再与企业的指标进行比较分析，找出企业同国内外其他同业企业之间的差距。

同业比较分析第三步是对分析结果输出并加以利用。结果的显示可以是动态立体模式，管理者能够对本企业与同业企业间的差距一目了然，并且可利用平台的预测分析，在改变企业某一个因素的时候实时模拟企业的财务状况变化，有助于企业财务决策。

（二）使宏微观因素影响分析成为可能

企业的发展受到多方因素的影响，包括宏观环境和微观环境，在进行企业财务分析时，需要综合这些因素的影响，以此作为财务决策和预测的重要依据。企业所处外部环境受四种因素影响，包括政府政策、经济环境、社会环境和科学技术，即宏观环境分析的 PEST 模型；产业方面受同业竞争者、供应商、目标客户、潜在进入者以及替代品五种因素的影响，即微观环境分析的波特五力模型。传统的企业分析方式难以实现将众多宏微观因素综合分析，通过大数据技术，能够对影响企业发展的宏微观因素进行监测，实现企业财务分析的多元化，增强管理者决策的有效性。

1. 大数据应用于宏观因素影响分析

企业建立的财务分析平台是基于大数据技术，利用平台的网页挖掘技术进行网络信息抓取与挖掘，从而实时监测宏观环境的变化。企业可以通过平台采集以下宏观数据。

（1）政府政策。每个行业管理的相关政策，包括行业的规章制度、安全交易管理、市场服务规范、知识产权维护、客户信息保护等。

（2）经济环境。影响行业的经济环境包括国内外相关宏观经济运行数据。

（3）社会环境。主要是人口环境，包括人口规模、年龄结构、人口分布、收入、消费水平等数据，从人口规模可以判断市场容量，年龄结构可以决定市场推广方式。

（4）科学技术。包括国内外最新科技成果的数据，行业领先技术水平等。

采用大数据技术从特定类型的网站抓取以上相关信息，将获取的内容进行主题分类，以便决策者调用参考。

2. 大数据应用于微观因素影响分析

（1）市场分析。包括市场规模、市场增长趋势以及行业发展趋势分析等，利用大数据技术抓取财经类网站如金融公司、证券公司、市场研究公司、投资机构网站信息，获取相关市场分析有用数据。

（2）竞争对手分析。对竞争对手的分析包含对方新产品研发情况、营销方式、研发能力和专利情况、组织结构变动、生产经营能力等多方面全方位的信息。通过大数据手段，从竞争对手的官方网站、微博、微信平台获取产品及销售情况，从技术论坛、专利查询网站等了解研发能力和专利情况，从招聘网站、高端人才猎聘网站等获取人才变动信息，生产经营方面如果是上市公司可从财经网站和公开的财务报表获取信息。

（3）目标客户分析。企业需要掌握客户的喜好、年龄结构、地区分布、收入情况、消费能力等数据，通过大数据技术从网络平台，如购物网站、手机客户端、热搜等途径获取用户信息，再对目标客户按企业内部制定的标准进行分类，针对不同的客户群体进行市场推广，提升企业盈利能力。

（4）供应商分析。供应商的选择很大程度上影响着企业的成本费用，对供应商的选择包括品牌、产品种类、技术、服务等多方面因素，采用大数据技术可以获取全球范围内的供应商信息，并利用财务分析平台做对比分析，选择最适合企业的供应商。

（三）使深层次分析成为可能

现阶段企业的财务分析以事后分析为主，忽略了事前、事中管控，过于注重结果而忽略了对过程的分析，分析流于报表层面，忽视非财务信息产生的影响。企业建立大数据财务分析平台，利用大数据技术对大量财务数据和信息进行挖掘和分析，使财务分析更深入。

1. 从结果分析深入到过程分析

传统企业财务分析得出结果“是什么”，而不去深究“为什么”，基于过程的分析可以很好地阐释结果的产生原因，有利于企业深度挖掘其内在问题。以成本分析为例，在竞争愈演愈烈的环境格局下，简单的成本核算已无法满足企业发展的需求。利用大数据技术，针对每一项成本挖掘成本动因，实现从基于结果的分析深入到基于过程的发现的转变。企业财务分析不再局限于事后反应，而是可以从过程分析中了解成本的构成、生产制造相关的信息，通过数据采集系统，分析成本构成要素，对不同产品成本差异和利润贡献进行比较，实现生产同步检测和产品绩效评价，进而使管理者实现事中管控。

2. 从单一分析扩展到全面分析

传统财务分析主要以报表及会计资料为主，分析的内容和方式也较受限。利用大数据手段获取企业内外部大量非财务数据，数据内容拓宽，财务分析更加全面，结果也更有效。以行业内竞争对手分析为例，以往只能通过公开的报表或者企业官网去获取信息，通过大数据平台可从各个渠道收集对手信息，进行同业比较分析，全面深入地了解对手的优势和劣势，以便公司提早决策，未雨绸缪。

3. 从阶段分析具体到实时分析

大数据的特点之一是快速流动，其时效性高，采用大数据技术对数据进行快速捕捉，实时分析，提高对市场变化情况的响应速度。例如对产品销售情况的信息采集，每当销售终端的信息更新时，大数据平台可以直接获取，以往每月才编制出的分析报告可以实时生成，大大缩短了响应时间，为企业营销手段的制定取得了先机。

（四）使未来发展趋势分析成为可能

现阶段的财务分析依据历史数据和实时获取的数据进行分析决策。企业发展需要具备长远的目光，随着科技的进步，采用大数据技术来分析海量数据间的关系，预测人的行为，从行为去计算可能做出的决策概率，能够快速、准确地预测未来的发展趋势。以目标客户预测分析为例，互联网时代每个人在网络上留下的足迹都被记录下来，一定程度上代表其关注内容和消费喜好。这些信息汇集了大量的“前兆性”行为数据，例如人们在淘宝浏览过某商品，下次打开网页会看到相关商品的推送，企业也能通过网络数据获取人们对商品选择的偏好。企业通过大数据技术把这些数据收集起来，发现背后的规律，通过进一步的分析能够快速获取其中影响企业未来发展的信息。

以往对企业未来发展情况的预测是通过财务人员和管理者的经验加上企业历史数据的综合分析，得到的预测结果并不可靠，现在借助大数据财务分析平台，企业可以更加了解客户，根据掌握的客户数据深入分析客户的行为、洞悉客户心理，由此在竞争中取胜。

第四节 大数据环境下企业财务分析变革案例

一、案例背景

C 电子集团有限公司（以下简称 C 公司）创建于 20 世纪 50 年代，前身是国营机械厂，后来发展彩电业，再朝着多元化的信息电子产业发展，完成了从立业、兴业到集团全面拓展的创举，成为综合性的跨国集团企业，正在向提供家电内容与服务的信息产业迈进。近年来，C 公司在核心技术和管理模式等方面不断创新，提升企业经营活力，调整产业结构，丰富产业形态，进军关键器件和核心部件领域，采取品牌国际化战略，打入国际市场，综合竞争力不断提高。现阶段，C 公司正在向制造业转型、服务业升级和全球化发展全力迈进。

二、大数据环境下C公司财务分析变革的可行性

未来，通过对智能终端数据、交易数据、分析数据以及研发数据等的全流程管理，引领工业4.0趋势的智能化的制造企业在大数据时代将成为最大的大数据公司。以往身处传统家电行业的C公司，在转型后便是最具代表性的全产业链家电智能制造企业。转型后的C公司在财务管理工作方面显然也会做出相应的战略调整，我们主要考察C公司在大数据环境下的财务分析变革条件，分别从思想战略、技术专业、知识数据、经济实力四个维度进行综合考察。

（一）思想战略

在成立40周年之际，C公司提出了“世界品牌，百年C公司”的发展战略；2004年，当中国市场还是“遥控”时代时，C公司向“三坐标”战略迈进，即实现产业价值链、产业形态和商业模式三合一，大力实施3C融合和三网融合的产业布局，注重信息电子领域技术的培养，形成了“三大代表”——软件、硬件和服务（其中服务指的就是大数据），指出技术、管理模式和人才培养是大力发展信息家电的核心要素，也是在大数据时代生存所必备的智能基因；从2005年开始C公司以产业价值链为依托逐步向芯片、软件等核心部件布局，着力打造企业“智能基因”，这一年C公司跻身世界品牌500强；2007年年底，C公司历时三年多的“量”的横向调整结束，初步完成“黑电+白电”的产业布局；2008年，C公司开始汇集力量进行“质”的纵向调整，培养核心技术，进军关键产品，延伸产业价值链，谋求“产品定义权”。

2011年C公司董事长发表了“C公司生态树”的演讲，阐述了C公司的整体智能战略是以智能产业为核心。2012年C公司提前布局软件研发管理平台，从连接、交互、安全三个维度定义IPP终端系统架构，形成云端一体化的软件格局。这一年C公司完成了公司STVOS2.0软件平台规划，完成了基于智能终端（云端服务平台）的商业模式及平台整体框架的设计，实现了云端服务平台一期的正式上线。

2013年，C公司提出“新三坐标”的智能战略，即以“智能化、网络化、协同化”为重点。智能化方面，在现有终端产品的智能化基础上，推出高级系列的智能家电产品；网络化方面，同中国电信在大数据、云计算及物联网等领域建立战略合作伙伴关系，设立基于云计算的大数据产业链，同年8月还同IBM等成立了中国首个大数据竞争力分析中心；协同化方面，针对消费者需求和产品技术创新方面，积极推进黑白电影产业在二者间的相融共生。至此，C公司完成了传统家电制造业的转型，将传统的产品与服务、物联网、云计算以及大数据等深度融合，形成了包括软硬件、产品、服务、平台和系统的国内最完整的“智能生态树”，成为一家智能终端企业，也是一家大数据企业。

2014 年家电行业竞争压力巨大，各家电企业纷纷试图建立新的竞争优势，在互联网浪潮和跨界竞争的冲击下，家电行业在产品形态、商业运作模式、产业竞争格局和生态形势方面仍需不断变革。2014 年 5 月，C 公司成立了软件与服务中心，旨在发展软件与服务升级新局面；6 月中旬，大数据平台在该中心大数据组上线运行，可以为 C 公司黑白电、数字营销、创新技术等部门提供产品改进、市场调查、决策支持等多项数据支持，实现跨界融合。C 公司利用智能终端的“传感器”对关联内容进行大数据挖掘、分析、处理和传送，构建“用户到移动端到智能设备再到云平台”的云、端一体生态环，从而实现内容和服务的交互与协同。

2015 年 7 月，C 公司在智慧社区领域开启了崭新篇章，基于 C 公司 IPP 框架，除 C 公司品牌以外的智能终端也可接入这一平台，实现资源共享。

近年来，C 公司整体的发展布局不断地推陈出新，紧跟国际化发展的潮流，领导层对市场形势把握准确、对竞争格局了解全面，在战略层面奠定了 C 公司实现大数据变革的基础。

（二）技术专业

C 公司若要实现大数据环境下财务分析的变革，搭建大数据分析平台，对企业的硬件、软件、资料服务以及开发等方面有着很高的要求，普通的企业甚至一些大型企业都难以满足。目前来说，C 公司拥有自主的大数据中心平台，这是国内企业罕有的，C 公司也是家电业唯一能自主建立平台，进行数据采集、分析、处理和应用的企业。

2004 年开始，C 公司开启了财务共享服务中心模式，此模式始创于福特汽车公司，是汇集不同国度、地点的会计业务到一个共享服务中心来记账和报告，一般适用于人员素质和信息化程度较高的制造业企业，现有超过半数的财富五百强和 80% 的百强企业运用此模式。财务共享服务中心在 C 公司存续发展十余年，不仅支撑着 C 公司的持续财务交易，而且已经初步试水外部市场，一直推动着企业的发展。

随着移动互联网、云计算、大数据等技术逐渐深入日常生活和企业运营之中，财务共享中心虽然运作良好，但其管理模式的信息化方式尚显稚嫩，因此遭受了新兴技术的巨大冲击，而 C 公司非常巧妙地化解了这一问题。C 公司建立了高度集中和统一的财务云中心，实现了财务共享管理模式与互联网、云计算以及大数据等技术的高效融合，基于信息化平台，细分公司财务活动，形成了 C 公司独有的公司财务云。C 公司财务云在财务服务、财务管理、资金管理工作上实现了“三合一”，并对“核算—报账—资金—决策”在集团内部的协同运用予以支持。

财务云是财务共享服务中心的升级版，使用财务云的基本前提是数据做标准化处理，并且要素需要精确化，所有的财务单据都直接录入财务云，全方位实行凭证无纸化。此外，采用电子认证如电子签章等方式，实现采购、收货、开具发票、付款、银行转账等全程网上签字审批。同时，管理者可以通过云平台随时了解产品运营情况，能够及时预测财务风险，以便采取措施应对。

企业高效的财务管控，能够有效地让企业的资金运用到需要的地方，保证企业长期战略和短期目标的实现。构建一套卓有成效的财务管控体系，能够优化资源配置，从而实现企业价值最大化。C公司的财务云能有效地改进企业财务工作，从管理模式和技术方面为财务分析的变革提供了支持。

（三）知识数据

在数据的整合反馈方面，C公司拥有深厚的大数据处理能力，以及庞大的服务器资源。在2014年5月C公司成立软件与服务中心之前，对海量数据的处理主要通过C公司云平台，由智能终端带来的大量数据形成了基础平台，其主要功能是对数据接收、处理，在此基础上又构建了一些额外的应用平台，如智能服务等，用于满足用户的个性化需求，由此形成了C公司“终端—云端—终端”的大数据收集、处理、分析、输出的完整闭环。此后C公司成立了软件与服务中心，上千名研发人员对机芯终端软件到平台端软件再到移动端软件不断地进行研发，旨在追求更高端的软件技术和工具以应对不断增长的大数据。在这个大数据平台上，C公司每天对近三万台智能终端的运行数据进行收集、处理和分析，采集和观察11大类、584个维度的用户非敏感数据，数据量达到1.2PB。C公司大数据中心打破信息封闭，对破碎凌乱的数据重新整合、进行专业分析，挖掘出大数据隐藏的价值。例如对用户数据处理反馈，IT人员首先将数据分类，通过采集用户数据（用户行为分析）再进一步观察和梳理，最终根据获得的海量样本数据推出解决方案，再将方案以某种形式反馈给客户，如功能优化添加、界面自主定制、实时故障诊断报告等。另外，大数据中心所获取的样本均是来自用户行为层面，不涉及用户的个人隐私。

C公司不仅利用大数据中心收集处理用户数据，还是大数据时代元数据的供给者。目前，C公司已同第三方企业达成合作协议，将分布在全国各地的C公司品牌的空调作为感应器，对全国各地区的温度实时测量，形成元数据反馈给各单位。C公司大数据中心的建立丰富了数据资源，深刻展示了C公司数据收集、储备、分析、反馈的能力。

（四）经济实力

对大数据的研发离不开C公司强大的经济实力做支撑，2015年C公司跻身亚洲品牌50强。本节选取了从2010年到2014年C公司部分经济指标（见表6-2），对C公司财务分析变革时期的发展和研发投入做简要说明。

表 6 – 2 C 公司部分经济指标 单位：万元

年份		2010	2011	2012	2013	2014
基本指标	总资产	4455594.38	5165106.41	5454554.07	5883700.85	6022460.69
	营业收入	4171180.89	5200332.83	5233414.91	5887527.47	5950390.6
	研发支出	30512.5	84554.94	88700.01	102357	108165.89
	净利润	47731.2	31165.62	27318.82	75723.04	26750.22
营运能力	总资产增长率	21.95%	15.92%	5.60%	7.87%	2.36%
	营业收入增长率	32.60%	24.67%	0.64%	12.50%	1.07%
	净利润增长率	-11.50%	-34.71%	-12.34%	177.18%	-64.67%
盈利能力	总资产净利润率	1.18%	0.67%	0.51%	1.34%	0.45%
	销售净利率	1.14%	0.62%	0.52%	1.29%	0.45%
	净资产收益率	2.96%	3.07%	2.40%	3.65%	0.42%
研发投入	研发支出增长率	67.62%	177.12%	4.90%	15.40%	5.68%
	研发支出占营业收入比例	0.73%	1.63%	1.69%	1.74%	1.82%

从表 6 – 2 中可以看出，五年间 C 公司的资产在不断地增加，呈稳步上升趋势，C 公司 2014 年总资产已达 6022460.69 万元。营业收入方面，增长幅度放缓，主要原因在于近年行业竞争加大以及家电行业受市场冲击导致销售不景气，其中 2013 年是 C 公司转型初见成效的一年，其营业收入比 2012 年增长幅度明显加大。C 公司对研发的投入逐渐加大，到 2014 年占收入比例为 1.82%，增长率也比较高，说明 C 公司对研发这一块的重视程度。净利润方面，2013 年净利润增加迅猛，到了 2014 年增长放缓，这一年 C 公司建立了软件与服务中心。

总体来说，C 公司的经济实力比较强，对于研发的投入力度也比较大，为大数据的开发应用提供了稳定的经济基础。

从以上四个方面的考察结果，我们可以看到，C 公司战略上是家电行业转型的领头羊，技术上建立自己的大数据中心，构建财务云平台，数据方面对用户数据收集的日处理量达到 1.2PB，在经济实力方面有强大的支撑，基本具有了实施企业大数据财务分析的条件。

三、C 公司财务分析状况

2004 年，C 公司对财务部门的组织和体系进行了大规模的调整，在理念上，将以往以销售为重的思维，调整为“以财务为主线，以利润为核心”的财务管理要求。相应地，财务工作的重点也出现了分化。以往主抓两个方面：传统的财务管理和会计核算。2005 年后其扩展到了传统财务会计类工作、决策支持、公司内部资源分配、风险控制四个方面，细化了财务管理工作。2005 年 C 公司开始尝试将财务分为共享服务中心和管理中心。2008 年财务共享服务中心正式落成，主要负责处理全公司的会计核算业务，整个财务处理建立了统一的流程和标准的服务。财务人员分工明确、各司其职，C 公司的财务变革取得了显著的成效。但同时也存在一些问题：一是原始凭证仍是传统的纸质单据，由于子公司遍布海内外，给凭证的传输和审核带来了很大的困难，工作量也很大；二是共享服务阶段，C 公司以 1 个 ERP 系统为中心、36 个外围系统辅助支持建立了集团信息化系统，但是由于程序开发原因导致平台、数据结构、数据问题名称无法统一，系统间数据交互困难。

2012 年开始，C 公司逐渐构建了财务云管理体系。财务云的构建遵循四个原则：原始凭证要素提炼精准；对数据设立统一标准以便系统互通；纸质凭证变为电子凭证，实现无纸化；内部控制由系统执行，加强企业内部风险管理。财务云的运作模式主要分为三步：数据采集、数据处理和结果输出。

（一）数据采集

采集的对象主要为业务活动过程中产生的数据，这一步包括对数据的全面收集、对信息要素的初步筛选以及对采集到的数据结构化的处理。首先是采集原始凭证，摒弃以往原始凭证按照业务类型分类的方法，将原始凭证按其自身的类型归类，分为报销单类、发票类、合同协议类、报告类、附件类和图片类，这样利于系统的统一处理。紧接着是对凭证中的各项要素的提炼，例如业务发生的时间、量的大小、地点、金额等具体要素，系统对每个要素进行标准化的定义，这样提炼的要素符合精确化的原则，事实上这一过程财务平台内部已进行了信息初筛。由于所采集的信息包括结构化、半结构化和非结构化数据，因此最后是通过财务云，对采集到的信息进行标准化、结构化的处理，方便后续数据分析、挖掘和应用。

在数据的采集过程中，系统提前定义了各个数据类别，在原始凭证进入系统后，对凭证自动分类并判定所需单据模板，如果源头单据是电子化凭证则直接进入后续处理，如果是纸制凭证则需扫描获取。对数据采集的内部控制上，设置了审核节点，确保每个数据采集的有效性，并将结果存储起来以供后续使用。

（二）数据处理

数据处理的过程包括数据的筛选、存储和传递，电子化凭证直接引用系统处理的结果，对扫描的单据则在处理环节需要人工介入控制其要素的提炼精准性。在财务云处理方式下的财务岗位发生了显著的变化，财务人员分成财务核算、内部控制和财务管理三类角色，财务核算人员从事的工作不需要专业判断，如同工厂流水线上的工人，在财务云的发展更新下会逐渐被系统自动审核模式替代。内部控制人员主要负责对整个财务管理流程的监督与事前、事中和事后控制，将风险程度降到最低。财务管理人员承担的工作主要是对财务数据、财务核算和管理模式做统筹规划和管理，此种类型的分层管理更适合财务精细化管理。

财务云的处理技术依赖于虚拟化技术、数据挖掘、云计算等技术支持，企业采用“私有云＋公有云”的模式将数据上传至云端备份，建立了财务业务信息系统，系统涵盖了公司所有的经营管理环节，各系统间数据统一标准，交互通畅。此外，对云端备份数据采取加密技术和数据保全服务、WLAN 和防火墙措施，有效避免了数据丢失和病毒侵入，保护了企业数据安全。

（三）结果输出

财务云平台数据处理过后输出的结果可概括为三大类：第一类是直接自动输出的结果，包括简单的会计凭证、统计报表，能够满足企业日常经营核算的需要；第二类是经过分类、合并等处理后输出的结果，如财务报表、合并报表等，能够满足公司内部经营管理和外部监管要求；第三类较为复杂，这类结果包含财务指标分析、指标变动原因分析、数据分析和隐藏价值挖掘，能够为企业预测、决策提供信息。

传统意义上的财务人员是负责公司财务核算，保证财务记录准确明了，合乎法规要求，财务工作主要是输出报表和对财务数据的静态分析结果。而在财务云时代，仅仅是这些已经满足不了公司发展的需求。财务人员应当与时俱进，同其他部门建立深入合作，全面了解企业运作情况以及资金的使用、预算与分配状况。财务云的运用，使得公司财务数据可以永久保存在云平台，在需要的时候调取使用，利用大数据技术实现财务分析，为企业的决策者提供前瞻性的建议。C 公司财务云的应用节约了大量的人力成本，提高了财务工作效率，加强了公司风险控制能力，突破了传统财务管理的方式，实现了财务核算的创新升级，但是在财务分析方面的变革仍显不足。

四、大数据环境下 C 公司财务分析变革建议

财务云这一管理改革初显成效，传统财务分析方式处于转型的初级阶段，财务云遇到大数据，为企业财务分析带来了一些创新性的变革，但对于 C 公司这一综合性的跨国集团来说变革仅仅是刚开始，若要彻底变革尚且任重道远。C 公司领导层在思想上与国际接轨，在大数据兴起之时便加以利用，为公司战略转型谋取了先机。技术上大数据服务中心和财务云的建立为企业获取大数据、简化财务工作带来了重大的改革成效。经济实力方面，对研发的大量投入也能够支撑起 C 公司的变革之路。

身为跨国集团企业，C 公司利用云平台和大数据中心能比以往更易获取国内外同行业数据以及客户数据等，平台也具备了存储处理企业内外部、宏微观数据的相应条件。但由于技术或是其他方面的原因，C 公司目前对大数据的应用仅仅停留在搜集、

存储和整合层面，却未体现出对所获取的大数据的深入比较分析。大数据的取得只是第一步，对数据的分析、利用才是最终目的。企业需要将分析结果运用到实际的经营决策中，财务分析平台能够实现对企业的国内外同业比较分析、宏微观因素分析、深层次分析以及未来趋势预测分析，C 公司在进行深入的财务分析方面做得尚显不足，对财务分析的重视程度尚显不足。

笔者综合 C 公司自身财务管理水平和大数据的应用对 C 公司目前财务分析的问题和改革方向提出以下几点建议。

首先，作为传统的家电制造型企业，C 公司在不断朝精细化管理方式改革，在财务管理工作中先后启用了财务共享服务中心和财务云，但更多的是为了财务审核更快捷方便。从以上财务云运作的流程可以看出，财务分析只占有结果输出的一小部分，是作为附加结果，而财务云的主要功能仍然只是满足日常核算和报表输出。由此可见，C 公司对财务分析工作的重视程度显然不够高，对此笔者有三点建议。

一是管理层不能只关注财务核算的改进，而应多注重财务分析。C 公司近年来不断地在管理方面深化改革，国内外行业竞争加剧，家电行业形势严峻，C 公司的报表数据也不容乐观。作为一个跨国企业，不能仅仅局限在核算方面，应当在财务分析上加大力度，设置财务分析专人专岗。

二是培养复合型财务分析人才。C 公司财务云的应用逐渐取缔了出纳、会计等简单基础岗位，未来将会有更多高端财务岗位的出现，需要复合型的人才才能胜任。在大数据时代，企业储备相应的数据采集、处理、分析等方面的人才，他们不仅需要具有财务专业知识，还要了解企业生产管理、业务经营和预算决算等各方面的专业知识，确保企业大数据技术应用条件成熟时能够迅速地开展相关工作。

三是在财务云系统的基础上增设专门的财务分析平台。与财务云对接，财务分析平台可直接生成使用者所需的分析报告，并图文并茂地展示给信息使用者。

其次，C 公司有自己的大数据中心，并且建立了软件与服务中心，主要用于用户行为数据的采集，将用户数据反馈到系统中，促进研发和制造的升级，再将改进的结果映射到用户使用中。从整体来看，C 公司对大数据的应用有些将部门间相互分离了，大数据采集的数据并没有运用到财务中，而是用在生产、制造、研发这些部门，财务的数据依然是来自企业内部。既然大数据技术已经能够采集到诸多的用户数据，那么当然也能扩大范围，对此笔者有两点建议。

一是扩大数据采集范围，运用大数据技术采集更多同行业数据、国内外数据。C 公司作为大型跨国企业，在国内外拥有多家子公司，系统遍布海内外，这是一个优势平台，使用行业内数据对比分析可以了解 C 公司同其他品牌间的差异，使用国内外数据对比分析能够知道国内市场同国外市场的不同，从而更好地改进针对不同市场的战略方针。

二是拓宽数据使用范围。通过大数据采集到的以上数据可以用于研发技术的提高、制造技术的升级、对用户喜好的把控、对市场形势的判断，其实这些都与财务分析分不开，在企业建立大数据财务分析平台后，将企业内部部门间联系加强，企业内各部门数据和企业外部数据联通使用，为C公司搭建一个更加广阔的数据网络。

最后，C公司财务云平台提高了财务工作效率，加强了财务风险管控，但是对于企业预测、决策支持能力稍显不足。企业搭建的大数据财务分析平台中预测分析和决策分析的功能能够较好地解决这个问题，应用到C公司的实际工作中。比如：企业可以借助平台收集的用户数据，建立用户大数据分析体系，分析购买C公司产品的用户收入分布、消费习惯、购买偏好，针对不同的阶层开发和推广相应的产品，节省了制造成本和推广费用，同时也能提高产品销售额、增加利润。

目前对大数据的技术研究和应用研究仍处于初级阶段，传统的财务分析方式想要彻底地改革还任重道远。C公司作为传统家电企业，能打破常规，率先在家电制造业引入大数据技术，并成功建立财务云，已属行业革新典范。C公司对技术研发投入、对大数据的研究仍在不断深入，或许目前的市场改革所取得的效果还不太显著，而且有很多方面有待完善，但是应该相信，大数据是大趋势，C公司在其他企业观望或是未察觉之时已开始试水大数据，挖掘其背后隐藏的价值，将来势必会为企业的发展带来不可限量的效益。

第七章　大数据时代企业财务风险预警与管理

第一节　大数据时代企业财务数据风险

一、大数据与财务信息

大数据的特点是“大”，这个“大”是数量庞大，属于海量数据，数据类型多，数据更新速度快，时效性强。大数据技术的核心是能够对数量庞大的不同类型的海量数据及时进行整理、加工、分析，为信息使用者提供所需要的信息。财务信息是与财务管理活动有关的各种信息，传统认为财务信息就是单位会计部门所提供的信息，这些信息主要来自单位内部，而忽视了来源于外部对财务活动有影响的信息。在大数据时代，财务信息的范围已经扩大到企业外部。企业决策是在对各种信息收集、加工、整理、分析的基础上，提出各种可行方案，并选出最佳方案的过程。企业决策者可以利用大数据技术获得更多的对决策有影响的信息，并对这些信息进行有效分析，对各种可能的风险进行预防。

企业的财务信息产生于企业的全部业务活动，企业从筹资建立、生产经营到最后企业经营终止都会产生有关的财务信息。随着市场竞争的加剧，企业通过粗放式的管理很难获得超额收益，需要进行精打细算才能获得稳定的收益。大数据时代将为企业筹资、投资、营运、利润分配等各项业务提供更精准的财务信息。企业在进行筹资的时候，需要利用大数据技术对企业资金的需求进行精准的预测，在此基础上选择筹资的渠道，测算筹资成本最低的筹资方案；在进行投资的时候，收集市场上与投资决策有关的各种信息，并对各种投资方案进行分析，分析投资可能带来的收益和可能出现的风险，并将各种收益和风险进行量化，对评价投资方案作出合理的决策，避免决策失误；通过对企业营运过程中产生的财务信息进行全面系统的收集、加工，对企业业各项营运资产进行盈利能力分析、偿债能力分析、敏感性分析、流动性分析等，可以有效防范营运风险；通过收集内部控制运行情况的信息，能够更好地分析内部控制存在的缺陷，及时修订内部控制制度，帮助企业减少常规失误，进一步优化企业内部控制体系，提高内部控制的有效性。

大数据技术是一把“双刃剑”，企业利用好大数据技术，会给企业带来收益，反之则给企业带来各种风险。

二、收集宏观数据的风险

（一）数据管理的风险

风险是未来的不确定性对管理目标的影响，从广义角度该影响分两种情况：一是对目标实现有正面影响，我们一般称为机会；二是对目标有负面影响，我们称为威胁。我们一般是从狭义角度理解风险，就是对目标实现有负面影响的威胁称为风险。为避免产生风险，企业应该重视风险管理问题，对风险管理的重视已经由个别风险管理转向了全面风险管理。2006 年 6 月，国务院国有资产监督管理委员会印发的《中央企业全面风险管理指引》为企业全面加强风险管理提供了制度性指引。企业全面风险管理是企业全方位、全员、全过程的风险管理，加强风险管理对企业资产的保值和增值，对企业持续、健康、稳定发展具有重要意义。企业通过开展全面风险管理工作，可以进一步提高企业管理水平，增强企业竞争力。《中央企业全面风险管理指引》指出，企业全面风险管理的基本流程包括以下主要工作：（1）收集风险管理初始信息；（2）风险评估；（3）制定风险管理策略；（4）提出和实施风险管理解决方案；（5）风险管理监督与改进。风险管理的目的是通过建立适合企业的风险管理体系，根据风险的特点采取不同的风险管理措施，将风险控制在企业可承受的范围内。由于受科学技术变化的影响，企业的外部环境和内部条件都在时时发生变化，企业环境的不确定性，将是一种常态，企业面临的风险日益提高，企业财务风险管理不再是独立的风险管理，而是需要将财务风险管理纳入整个全面风险管理系统内部。

随着大数据时代的到来，企业会收集大量的数据，这些数据有企业内部的也有企业外部的。这些大量的数据有的是自己被动收集的，有的是企业主动收集的。数据由于可以给企业带来未来收益，为此，数据可称为企业的资产。这个数据资产有其特殊性，是看不见的资产，会含有企业的商业秘密，企业应加强对数据资产的管理，避免产生风险。这里的风险包括两个方面的风险：一是作为数据的资产具有一般资产的特点，存在资产贬值的风险，由于数据资产具有很强的时效性，其贬值的风险更大；二是作为含有企业商业秘密的数据，由于保管不善，导致商业秘密泄露的风险。企业应对数据资产管理提出更高的要求：一是要充分发掘数据资产的价值，给企业带来更多的收益；二是要加强对数据资产的管理，避免因管理不到位造成各种不良后果；三是要加强制度建设，建立健全数据资产的管理制度，由于数据资产是无形的，需要储存介质，需要建立数据资产的异地备份制度；四是要加强数据储存系统的安全管理，避免因病毒和黑客的侵袭；五是要建立监督评价制度，并保证制度能够严格执行。

（二）数据质量风险

随着大数据时代的到来，企业收集和处理的数据信息越来越多，数据的数量庞大，数据能够给企业带来的效益受数据质量的影响，保证数据质量对企业尤为重要。但由于数据的来源渠道不同，数据的质量往往参差不齐。我们根据数据给企业能否带来收益，把数据分为三类：第一类是能够给企业带来正收益的数据，我们称为正相关数据；第二类是对企业收益没有影响的数据，我们称为零相关数据或者无关数据；第三类是对企业收益产生负面影响的数据，我们称为负相关数据。从企业的经营目的是盈利角度看，在这三类数据里面，企业应该重点关注的是正相关数据，企业在收集数据的时候，采取一定数据识别技术，收集对企业有利的正相关数据。

我们把由于数据质量差给企业造成损失的情况称为数据质量风险。防范数据质量风险是数据收集、加工过程中需要重点关注的。因此，在大数据环境下，不能不计成本、不加区别地盲目收集各种海量的数据，这会给数据加工、整理环节增加额外的成本，甚至还会成为企业一种严重的负担。为了防范数据质量风险，企业应该建立数据质量控制系统，在数据的收集阶段，通过对数据质量的控制和管理，提高数据收集的准确性和效率，收集正相关数据，剔除负相关数据和零相关数据，避免由于负相关数据的不准确影响到企业决策。在数据处理和应用的过程中还必须进一步提高数据的质量，降低数据质量不高带来的风险。在处理数据时，要充分考虑数据的准确性、完整性、一致性、可信性等一系列的衡量标准；在应用数据的时候，要根据数据的性质，应用到合适的领域，充分发挥数据的作用。

三、收集内部数据的风险

企业收集的企业内部数据，其真实性值得肯定，但在数据使用、时效等方面存在风险。

（一）财务数据使用风险

传统数据管理的重心侧重于数据收集，而在大数据时代，数据应用成为整个数据管理的核心环节，数据应用者比数据所有者更加清楚数据的价值所在。企业数据应用风险主要表现在对高质量数据的不当应用，如使用了错误的财务分析模型，甚至是人为滥用造成偏离数据应用目标的情况，以及在应用财务数据过程中因管理不到位或人为因素造成企业商业机密泄露。这就要求企业高度重视大数据的应用管理，首先是要明确数据应用管理的目标，并建立高效的数据应用管理机制，以确保数据应用效果；其次是要通过明确数据应用者的管理职责，加强数据应用过程中的核心信息管理，确保企业核心商业机密的安全性。

（二）财务数据过期风险

传统数据管理强调存在性，即只要能获取数据并能满足企业的要求。而在大数据时代，企业对数据时效性的要求空前提高。企业财务数据过期风险主要表现在对数据的时效性管理不到位、财务数据反馈不及时造成决策不及时、贻误商业机会等情况。这就要求企业要从战略导向出发，高度重视数据应用的时效性管理，一方面在财务数据获取环节要充分考虑及时性和可靠性；另一方面要在数据应用环节注意对数据的甄选，确保财务数据必须更多地立足当前、面向未来。只有这样，才能帮助企业在瞬息万变的市场环境中更好地发展。

第二节　大数据在企业财务风险管理中的应用

一、企业依托信息系统开展风险管理的主要模式

（一）企业统一实施 ERP 信息系统

当大型企业进入相对平稳的发展阶段，为了规范业务流程和防范风险，通常会采用实施 ERP 信息系统的方式固化业务流程、强化计划执行并辅助公司决策，进而实现对企业资源高效利用的目标，而这种模式也为许多专业的 ERP 软件公司提供了市场机会。目前，我国的大型企业主要采用 SAP、Oracle 等国际主流的 ERP 软件和配套服务，同时也在一些专业领域采用了浪潮、用友等国内相对成熟的管理软件。

通过采用成熟的 ERP 软件和配套服务，企业一方面节约了自行开发信息系统的时间和精力；另一方面也在实施 ERP 项目的过程中，引进了同类行业成熟的管理理念和流程。统一实施 ERP 系统的另一好处是，通过实施标准化的流程进而形成了标准统一的“结构化数据”，未来就可以直接运用基于标准化数据的大数据分析平台进行分析，为经营决策提供高效支持。

在大数据技术广泛应用的当下，国内外的 ERP 软件服务也在与时俱进。例如，SAP 公司推出了基于 ERP 软件的大数据分析平台——SAP HANA，其实质就是先把企业的“大数据”全部统一到 SAP 的“标准框架”下，然后再进行高效的分析处理。在大型企业的实践中，由企业总部统一实施 ERP 信息系统也是基于这个理念，通过把企

业的全部生产经营活动转化成唯一的“数据语言”，实现了企业数据标准的整齐划一。

（二）基于企业的各类原始数据搭建大数据分析平台

在企业架构的“顶层设计”相对完善的前提下，推进实施统一的系统是较为简单的一种模式，但在实际情况中，推行“大一统”信息系统面临着诸多挑战。第一，企业的成员单位在业务模式和管理架构方面存在差异，许多个性化的管理需求难以通过一个信息系统得到完全满足；第二，一些企业通过兼并重组其他企业实现了快速发展，但在兼并后的业务整合既有可能影响原有管理架构和业务流程，也为ERP信息系统的整合带来挑战；第三，企业的“顶层设计”是一项系统性工程，而在“顶层设计”尚不完备的情况下，是先满足业务发展的需求在企业一定范围内实施ERP，还是“顶层设计”方案完成后再自上而下推进实施，许多企业都面临实际的两难选择。

随着大数据分析技术的快速兴起，搭建大数据分析平台的企业风险管理模式，将可能成为解决上述难题的一条捷径。当企业处在多个ERP系统并行、信息管理系统林立的情况下，实际就面临着结构化数据和非结构化数据并存的庞杂局面。大数据分析正是将这些来自历史的、模拟的、多元的、正在产生的庞杂数据，转化为有价值的洞见，进而成为企业或组织决策辅助的选项。

二、企业风险管理中应用大数据分析技术

（一）金融行业风险管理应用大数据分析技术

通过应用大数据分析技术，金融企业的竞争已在网络信息平台上全面展开。总的来说，就是“数据为王”：谁掌握了数据，谁就拥有风险定价能力，谁就可以获得高额的风险收益，最终赢得竞争优势。蓬勃兴起的大数据技术正在与金融行业，特别是“互联网金融”领域快速融合，这一趋势已经给我国金融业的改革带来前所未有的机遇和挑战。

目前，中国金融业正在快步进入“大数据时代”。国内金融企业的数据量已经达到100TB以上级别，并且非结构化数据量正在快速增长。因此，金融企业在大数据应用方面具有天然优势：一方面，金融企业在业务开展过程中积累了包括客户身份、资产负债情况、资金收付交易等大量的高价值数据，这些数据在运用专业技术进行挖掘和分析之后，将产生巨大的商业价值；另一方面，金融企业的高薪酬不仅可以吸引到具有大数据分析技能的高端人才，也有能力采用大数据的最新技术。

具体来说，金融企业通过大数据技术进行风险管理主要有以下两个方面。

第一，对于结构化数据，金融企业可运用成熟的风险管理模型进行精确的风险量化。例如，VaR值模型目前已经成为商业银行、保险公司、投资基金等金融企业开展风险管理的重要量化工具之一。金融企业通过为交易员和交易单位设置限额，可以使

每个交易人员都能确切地了解自身从事的金融交易可承受的风险大小，以防止过度投机行为的出现。

第二，对于非结构化数据，金融企业根据自身业务需要和用户特点定制和选用适合的风险模型，使风险管理更精细化。例如，银行利用自然语言处理技术，从文本数据中提取信息，建立社交网络分析模型，全面掌握客户风险信息。

（二）企业开展风险管理应用大数据分析技术

相比金融行业，以能源、机械制造、航运为主业的企业所产生的大数据的庞杂程度则相对较低，有利于直接采用成熟的大数据分析技术开展风险管理。一方面，因为工业企业所采用的信息系统一般都是大型软件厂商的标准 ERP 系统，产生的数据也多为结构化数据，便于直接用于分析决策；另一方面，传统行业在利用数据进行辅助决策的过程中，通常还是基于因果关系对可能影响企业生产经营的重要指标数据进行关注，而许多被认为不重要的数据并没有被采集到企业的信息系统之中，这就会使大数据的价值实现打了折扣。

要在企业推进全面风险管理，不仅需要通过企业的 ERP 信息系统采集被认为重要的各类结构化数据，还需要对网页数据、电子邮件和办公处理文档等半结构化数据，以及文件、图像、声音、影片等非结构化数据进行及时有效的分析，才能够充分客观地掌握企业的全貌，让企业结合分析结果做出更好的业务决策，从而真正实现全面风险管理的目标。

具体而言，企业运用大数据开展风险管理将会有以下几方面的好处。

第一，可以有效防范金融市场风险。例如，随着我国利率市场化的加速推进，企业面临的利率风险日渐显著，而借助金融大数据并辅以模型分析，企业可以进一步提高利率风险的管理水平，提前防范金融市场风险。

第二，可以有效降低信用风险。虽然大型企业面临的信用风险总体水平较低，但是在信用风险模型建立和风险预警系统的建设方面，仍有较大的改进空间。企业总部可以调整单纯依靠下级企业和客户提供财务报表来获取信息的方式，转而对资产价格、财务流水、相关业务活动等流动性数据进行动态和全程的监控分析，从而改进企业的信用风险管理。

第三，能够降低企业管理和运行成本，降低操作风险。通过大数据的分析应用，企业可以准确地定位内部管理缺陷，制定有针对性的改进措施，实行符合自身特点的管理模式，进而降低管理、运营成本。此外，通过对数据的收集和分析，企业还可以有效识别业务操作中的关键风险节点，并借此改进工作流程以降低操作风险，从而提高整个业务流程的运行效率。

三、企业运用大数据进行风险管理的实施路径

运用大数据进行风险管理，实质上就是企业在应对各领域数据的快速增长时，基于对各类数据的有效存储，进一步分析数据、提取信息、获取知识，并且应用在风险管理和决策辅助上。一般而言，运用大数据技术和大数据分析平台进行风险管理和价值挖掘要经过以下四个步骤。

（一）实施数据集中，构建大数据基础

要让企业的大数据发挥价值，企业总部首先要能够完全掌握全部已有的和正在产生的各类原始数据。只有先确保数据的完整性和真实性，才能通过足够“大”的数据掌握企业的实际运行情况，而这必然意味着企业总部要求成员单位向总部进行“数据集中”。相应地，企业总部也需要“自上而下”地搭建数据集中的软硬件设施、数据标准和组织机构。

具体而言，企业必须要完成前期的一系列基础性工作。一是建立用于集中存放数据的数据库或“企业云”；二是明确需要成员单位“自下而上”归集的数据类型和数据标准；三是建立专门的管理机构，负责数据库的日常维护和信息安全。

（二）搭建分析平台，优化大数据结构

在实现了“大数据”集中后，还必须解决不同结构的数据不相容的问题，才可能充分利用企业的全部数据资源。

具体而言，对 ERP 系统覆盖范围广，结构化数据占绝大多数的企业，可以通过建立 ERP 之间的“数据接口”，将标准不一的结构化数据转换到统一标准的分析平台上进行分析；对未统一实施 ERP 系统或实施范围小、非结构数据居多的企业，也可以通过建立大数据分析平台（如 Hadoop），构建数据模型，运用数据分析技术直接对原始数据进行分析。

（三）打造专业团队，开展大数据分析

企业要让数据发挥价值，开展数据分析工作是核心。要确保这项核心工作落地，不仅需要建立专门的数据分析团队，还要聘用统计学家和数据分析家组织数据分析和价值挖掘。因为相比行业专家和技术专家，数据分析家不受旧观念的影响，能够聆听数据发出的声音，更好地分辨数据中的“信号”和“噪声”。

具体而言，要打造大数据团队，一方面需要聘请从事统计建模、文本挖掘和情感分析的专业人员，另一方面也要吸收财务部门中善于研究、分析和解读数据的“潜力股”人才。更重要的是，要培育重视数据分析的企业文化，大数据团队的价值才能在企业中得以实现。

（四）实现分析结果便捷化和可视化，辅助管理者进行决策

若要运用大数据的分析结构辅助决策，就要让企业管理者能够轻松了解、使用和查询数据，因此大数据平台面向最终用户的界面还需要提供简单易上手的“使用接口”。这类“使用接口”不仅要具备数据搜索功能，还要能够通过图表等可视化的方式快速呈现分析结果，只有这样才可以帮助企业管理者清晰地了解企业运营情况，高效地辅助管理者进行数据化决策。

第三节　财务风险预警和管理的新途径

一、大数据在企业财务风险预警和管理中的重要作用

目前我国很多企业的财务风险预警工作中都在逐步应用大数据，利用各种方法和手段对相关信息进行调查，从而使调查结果更加准确可靠，避免出现随机误差问题。在企业财务风险预警工作中，大数据具有很强的应用价值，主要体现在以下两个方面。

第一，将大数据应用于企业财务风险预警，能够很好地弥补以往使用方法存在的不足与缺陷。虽然说这些企业的财务管理能力很强，经验也很丰富，但是在风险预警方面却存在着一些问题。一方面，因为财务管理人员的数量相对较少，风险也比较复杂；另一方面，企业财务人员可能会出现舞弊、违规操作等问题，从而影响到相应的风险预警效果。

第二，大数据自身的优势也是其应用的必然体现。大数据应用于企业财务风险预警，其自身的优势也非常重要，尤其是其信息的丰富程度，更是其他方法无法比拟的。它包含了大量的信息量，可以促使得出更接近真实的结果，从而提高其应用效果。

二、基于大数据的企业财务风险预警和管理

在企业财务风险预警和管理中大数据的使用主要应该按照着以下两个步骤来展开。

（一）获取大数据

为了提高企业财务风险预警的应用价值，必须严格控制大数据获取的相关数据，尤其是要正确地选择大数据的获取方式。一般而言，采用大数据模式需要有较丰富的数据信息量，因此，为了更好地获取海量的数据信息，应重点选择相应的方法。随着我国网民数量的不断增加，能够获取的数据资源也越来越多，在网络系统中建立起了一个完善的信息收集平台，吸引了大量的网络用户参与信息的收集。而且，这种以网

络为基础的大数据采集方式也是非常真实的，因为调查过程并不是实名制的，这就给了相关人员更多的实话实说的机会，让相关企业的财务风险预警更加准确。

（二）分析与应用大数据

在收集到大量的数据信息资源之后，需要对这些数据进行分析和处理，这样才能更好地反映出企业的财务风险。具体来说，这种大数据的分析与处理主要包括以下两个方面。一是将数据中的重复信息和无关信息清除掉，从而减少数据的数量，这一点对于大数据来说是非常重要的，因为数据资源越多，分析起来就越困难，所以必须先剔除掉这些信息。二是研究变量。对于企业财务风险预警而言，最关键的就是要有相应的指标和变量，这些指标和变量是企业财务风险预警的核心。具体来说，就是确定预警指标，然后根据模型算法选择合适的预警指标。

第四节　大数据帮助企业建立风险管理体系

一、大数据下的企业风险管理

风险是指企业在各项财务活动过程中，由于各种难以预料或无法控制的因素，使企业实际收益与预计收益发生偏离的一种可能性。鉴于财务的谨慎性原则，提到风险人们一般最先想到的是损失与失败。风险管理是现代企业财务管理的重要内容，企业风险的复杂性日益提高，不确定性将成为企业必须面对的一种常态。经济波动、资源紧张以及政治和社会变动都对企业构成不确定、不稳定的经营环境，而研发失败、营销不力、人事变动等内部风险亦不可避免。风险管理和内部控制紧密相连，智能化风险管理系统可以对企业各项业务进行监控、指标检测及预警、压力测试，并可针对各类风险事件进行处理，实现事前、事中的风险控制以及事后的管理监测。

同时，大数据还增强了企业内部控制水平。内部控制是指企业为了确保战略目标的实现、提高经营管理效率、保证信息质量真实可靠、保护资产安全完整、促进法律法规有效遵循，而由企业董事会、管理层和全体员工共同实施的权责明确、制衡有力、动态改进的管理过程。内部控制是一个不断发展、变化、完善的过程，它由各个阶层人员来共同实施，在形式上表现为一整套相互监督、相互制约、彼此联结的控制方法、措施和程序。这些控制方法、措施和程序有助于及时识别和处理风险，促进企业实现战略发展目标，提高经营管理水平、信息报告质量、资产管理水平和法律遵循能力。内部控制的真正实现还需管理层人员真抓实干，防止串通舞弊。

二、大数据在企业建立风险管理体系中的作用

（一）运用大数据推动企业内部控制环境的优化

1. 通过大数据推动内部控制环境有机协调

企业董事会、监事会、审计部、人力资源部等组织分立，职责区分，相互制衡，有助于内部控制目标的实现，但也容易产生纵向、横向的壁垒与相互协作上的障碍。而在内外部数据可得与技术可行的情况下，大数据有助于推动内部控制环境各环节、各层次之间的信息共享与相互透明化，从而推动内部控制环境的有机协调，提升内部控制的效果。

2. 通过大数据来准确衡量内部控制环境的有效性

如对企业文化的评估，是内部环境的重要环节，但企业文化又属隐性的。如果能够通过对社交网络、移动平台等大数据的整合，将员工的情绪、情感、偏好等主观因素数据化、可视化，那么企业文化这种主观性的东西也就变得可以测量。

3. 通过大数据来增加内部控制环境的弹性

如在机构设置方面，一家企业创建怎样的组织结构模式才合适，没有一个标准答案。而在基于大数据分析的企业中，企业的人工智能中枢或者计算中心有望从企业的战略目标出发，根据企业内外部竞争环境的变化，对组织机构做出因势而动的调整。

（二）运用大数据提高风险评估的准确度

风险评估是企业内部控制的关键工作，及时识别、系统分析经营活动中相关的风险，合理确定风险应对策略，对于确保企业发展战略的实现，有着重要的意义。来自企业内部管理、业务运营、外部环境等方面的大数据，对于提高风险评估的准确性，会有明显的帮助。如一些银行已经用大数据更加准确地度量客户的信用状况，为授信与放贷服务提供支持；又如一些保险公司也在尝试将大数据用于精算，以得出更加准确的保险费率。以此为启发，企业可将大数据广泛运用到内部风险与外部风险评估的各个环节。如在内部风险评估上，可利用大数据对董事、监事以及其他高级管理人员的偏好能力等主观性因素进行更加到位的把握，从而避免管理失当的风险，也可将大数据用于对研发风险的准确评估。在外部风险识别上，大数据对于识别政策走向、产业动向、客户行为等风险因素也会有很好的帮助。例如，招商银行是中国第六大商业银行，而 Teradata 是一家处于全球领先地位的企业级数据仓库解决方案提供商，在中国有数百家合作伙伴。Teradata 公司针对招商银行庞大客户群的海量客户数据，为其提供了智能数据分析技术服务，用于升级数据仓库管理系统。除此之外，Teradata 还监控并记录客户在 ATM 机上的操作，通过这种方法了解并分析客户的行为，能够有效预防借助 ATM 机实施的违法行为。

（三）运用大数据增强控制活动的效果

1. 大数据为控制活动的智能化提供了可能

内部控制活动包括不相容职务分离控制、授权审批控制、会计系统控制、财产保护控制、预算控制、运营分析控制和绩效考评控制等。基于各种管理软件和现代信息技术的自动化企业管理，在企业中早有应用。大数据时代，海量、种类繁多、实时性强的数据进一步为智能化企业管理提供了可能。谷歌、微软、百度等都在以大数据为基础，开发其人工智能。机器人并非万能的，但在智能化的企业内部控制模式下，控制活动的人为失误将得到明显的降低，内部控制的成效也会得到很好的提升。

2. 大数据提高了内部控制活动的灵活性

必须对所有的因素和管理对象进行全面的考虑，细致到企业采购、合同签订、物资验收、资源保管、资金使用、报销、报废等多方面，才能使企业财务战略管理职能得到最大限度的发挥，才能将风险降到最低。风险是企业日常运营及生产中的最大隐患，重大的财务风险直接影响着企业的生存。全面的考虑能够强化财务战略管理的风险控制功能，使企业处于良性运作中。内部控制活动的目的是降低风险，最终为企业发展服务。在内部控制活动全方位数据化的条件下，企业可根据对控制措施、控制技术、控制效果等各类别大数据的实时分析、实验，及时地发现问题并进行完善，从而提高管理成效。沃尔玛、家乐福、麦当劳等知名企业的一些主要门店均安装了收集运营数据的装置，用于跟踪客户互动、店内客流和预订情况。研究人员可以对菜单变化、餐厅设计以及顾客意见等对物流和销售额的影响进行建模，将数据与交易记录结合，并利用大数据工具展开分析，从而在销售哪些商品、如何摆放货品，以及何时调整售价方面给出意见。

3. 大数据分析本身即可作为一种重要的内部控制活动

大数据可以提高企业运营与管理各方面的数据透明度，从而使得内部控制主体能够提高对企业各种风险与问题的识别能力，进而提高内部控制成效。目前，商业银行已开始逐步利用数据挖掘等相关技术进行客户价值挖掘、风险评估等方面的尝试应用。尤其是在零售电子商务业务方面，由于存在着海量数据以及客户网络行为表现信息，因此可以利用相关技术进行深度分析。通过分析所有电子商务客户的网银记录及交易平台的具体表现，可以将客户分为消费交易型、资金需求型以及投资进取型，并能够根据不同分组客户的具体表现特征，为以后的精准化产品研发、定向营销，以及动态风险监控关键指标等工作提供依据。虽然商业银行在零售业务领域存储了大量数据，但由于以往存储介质多样化、存储特征不规范等原因，数据缺失较为严重，整合存在较大难度，造成部分具有较高价值的变量无法利用。同时，大数据时代的数据包含了方方面面的属性信息，可以理解为“信息即数据”。因此，商业银行除了要积累各种传统意义上的经营交易数据外，还要重视其他类型的非结构化数据积累，如网点交易记录、电子渠道交易记录、网页浏览记录、外部数据等，都应得到有效的采集、积累和应用，打造商业银行大数据技术应用的核心竞争力。

（四）大数据变革了信息传递与沟通的方式

信息与沟通是企业进行内部控制的生命线，如关于企业战略与目标的信息、关于风险评估与判断的信息、关于控制活动中的反馈信息等，没有这些信息的传递与沟通，预测、控制与监督的内部控制循环就没办法形成。企业运营中的信息与沟通，经历了从纸面报告、报表、图片等资料到计算机时代信息化平台的变迁。这一过程中企业信息的数量、传递与分析技术，得到了重大的提升。在当前的大数据时代，企业在信息与沟通上又迎来了一个革命性的变化。

企业把云计算应用于会计信息系统，可助推企业信息化建设，减少企业整体投入，从而降低企业会计信息化的门槛和风险。用户将各种数据通过网络保存在远端的云存储平台上，利用计算资源能更方便快捷地进行财务应用部署，动态地调整企业会计软件资源，满足企业远程报账、报告、审计和纳税功能的需要。

云计算在具体使用中还要解决会计数据隐私保护及信息安全性问题，克服用户传统观念和使用习惯，打破网络带宽传输速度的瓶颈，避免频繁的数据存取和海量的数据交换造成的数据延时和网络拥塞。为更好地配套支持企业会计准则的执行，满足信息使用者尝试分析的需求，财政部会计司推进了可扩展商业报告语言（XBRL）的分类标准建设，使计算机能够自动识别、处理会计信息。

随着《企业内部控制基本规范》的发布，企业在实施信息化过程中，要考虑如何将各种控制过程嵌入到业务流和信息流中。为了确保和审查内部控制制度的有效执行，必须加强信息化内部控制的审计点设置，开展对会计信息系统及其内部控制制度的审计，将企业管理系统和业务执行系统融为一体，对业务处理和信息处理进行集成，使会计信息系统由部门级系统升格为企业级系统，以最终达到安全、可靠、有效的应用。会计信息化除了需要建立健全的信息控制系统，保证信息系统的控制及有效执行外，还要通过审计活动审查与评价信息系统的内部控制建设及其执行情况，通过审计活动来发现信息系统本身及其控制环节的不足，以便及时改进与完善。

来自OA、ERP、物联网等内部信息化平台的大数据，以及来自传统互联网、移动互联网、外部物联网等的大数据，将使企业置身于一个不断膨胀的数据海洋。对于企业来说，大数据的革命可以为企业带来智能化的内部控制，也可以让管理者准确把握每一位员工的情感。大数据使企业内部控制进入一个全新的境界。对于很多金融服务机构来说，爆炸式增长的客户数据是一个亟待开发的资源。数据中所蕴藏的无限信息若以先进的分析技术加以利用，将转化为极具价值的洞察力，能够帮助金融企业执行实时风险管理，成为金融企业的强大保护盾，保证金融企业的正常运营。

与此同时，大数据也推动着商业智能的发展，使之进入消费智能时代。金融企业风险管理能力的重要性日渐彰显。抵押公司、零售银行、投资银行、保险公司、对冲基金和其他机构对风险管理系统和实践的改进已迫在眉睫。要提高风险管理实践，行业监管机构和金融企业管理人员需要了解最为微小的交易中涵盖的实时综合风险信息，投资银行需要知道每次衍生产品交易对总体风险的影响，而零售银行需要对信用卡、贷款、抵押等产品的客户级风险进行综合评估。这些微小信息会引发较大的数据量。金融企业可以利用大数据分析平台，实现以下分析，从而进行风险管理：自下而上的风险分析，分析自动清算交易、信贷支付交易，以获取反映压力、违约或积极的发展机会；业务联系和欺诈分析，为业务交易引入信用卡和借记卡数据，以辨别欺诈交易；跨账户参考分析，分析自动清算交易的文本材料（工资存款、资产购买），以发现更多营销机会；事件式营销分析，将改变生活的事件（换工作、改变婚姻状况、置房等）视为营销机会；交易对手网络风险分析，了解证券和交易对手之间的风险概况和联系。

（五）大数据为企业内部监督提供了有力支撑

对企业内部控制环境、风险评估、控制活动、信息与沟通等组成要素进行监督，建立企业内部控制有效性或效果的评价机制，对于完善内部控制有着重要的意义。在这种内部控制的监督过程中，大数据至少可以提供两方面的帮助。其一，大数据有助于适时的内部控制监督。大数据的显著特点之一是其数据流、非结构化数据的实时性，在大数据技术下，企业可以实时采集来自内部信息化平台、互联网、物联网等渠道的大量数据信息，以此为基础，对内部控制效果的实时评价就成为可能，定期报告式监督的时效缺陷就可以得到弥补。其二，大数据还有助于全面的内部控制监督。大数据的另一个显著特点是总体数据的可得性与可分析性，传统审计中所进行的抽样评估的缺陷在大数据下可以得到避免，基于这种技术的内部控制评价将更为客观、全面。

（六）大数据增加了企业对财务风险的预警能力

财务预警是以企业的财务会计信息为基础，通过设置并观察一些敏感性财务指标的变化，而对企业可能面临的财务危机实现预测预报或实时监控的财务系统。它不是企业财务管理中的一个孤立系统，是风险控制的一种形式，与整个企业的命运息息相关，其基本功能包括监测功能、诊断功能、控制功能和预防功能。

目前，财务危机风险预警是一个世界性的问题和难题。从20世纪30年代开始，比较有影响的财务预警方法已经有十几种，但这些方法在经济危机中能够真正预测企业财务风险的却很少。究其原因，大多数模型中，财务指标是主要的预测依据。但财务指标往往只是财务发生危机的一种表现形式，还有滞后反应性、不完全性和主观性。许多学者建立了结合非财务指标的模型，但所加入的能够起到作用的非财务指标都是依靠试错方法引入的，即都是在危机发生之后，才能够使指标得以确认以及引入模型，下一次经济危机的类型不同，之前建立的财务预警模型便无法预测甚至可能发生误导。

因此，靠试错引入的非财务指标具有一定的片面性，忽视了这些指标间的相互作用和相互关系，无法顾及这些指标是否对所有企业具有普遍适用性。

大数据信息比以往通过公司公告、调查、谈话等方式获得的信息更为客观和全面。在社会环境中，企业存在的基础在于相关者的认可，这些相关者包括顾客、投资者、供应链伙伴、政府等。考虑到企业的经营行为，或者企业关联方的动作都会使企业的相关者产生反应，进而影响到网络上的相关信息。因此，我们可以把所有网民看作企业分布在网络上的“传感器”，这些“传感器”有的反映企业的内部运作状态，有的反映企业所处的整体市场环境，有的反映企业相关方的运行状态等。大数据企业财务预警系统不排斥财务报告上的传统指标，相反，传统的财务指标应该属于大数据的一部分。

互联网上网民对企业的相关行为，包含了线下的人们和企业的接触而产生对企业的反应，这些反应由于人们在社会网络中角色的不同，涵盖了诸如顾客对产品的满意度、投资方的态度、政策导向等各种可能的情况。起到企业“传感器”作用的网民，由于在线下和企业有着各种各样的角色关系，这些角色和企业的相互作用会产生不同的反应，从而刺激这些角色对企业产生不同的情绪。群体的情绪映射到互联网，才使这些信息能够被保存下来并被我们获取，这些不同的情绪经过网络上交互过程中的聚集、排斥和融合作用，最后会产生集体智慧，这些群体智慧能反映企业的某种状态。

例如，在实证研究过程中，相关学者利用聚焦网络爬虫，收集了从 2009 年 1 月 1 日到 2013 年 12 月 31 日的关于 60 家企业的所有相关全网网络数据，包括新闻、博客、论坛等信息，经过在线过滤删除，最终获得有效信息共 7000 余万条。来自网络的上市公司相关大数据主要是非结构化的文本信息，而且包含大量重复信息。为了验证大数据反映的相关情绪能够有效提高财务风险预警模型的性能，首先要把这些信息进行数值化处理，过滤掉大量无效数据，并且进行基于财经领域词典的文本情绪倾向计算。同时对相关上市公司的有效信息进行频次统计，以便验证大数据有效信息频次对财务风险预警模型的影响。通过与财务指标的结合，对研究假设进行实际数据验证，发现引入大数据指标的财务预警模型，相对财务指标预警模型，在短期内对预测效果有一定提高，从长期来看，对预测效果有明显提高。大数据指标在误警率和漏警率上比财务指标表现得明显要好，从而验证了在复杂社会环境中，依靠大数据技术加强信息搜寻是提高财务预警有效性的重要路径这一观点。

三、商业银行运用大数据评价电子商务风险的案例

随着互联网、移动通信技术的逐步应用，对人们的生活、生产方式带来了强烈的冲击。电子商务、移动互联网、物联网等信息技术和商业模式的兴起，使社会数据量呈现爆炸式增长。因此，采用大数据技术，可以有效解决信息不对称等问题，合理提

高交易效率，降低交易成本，并从金融交易形式和金融体系结构两个层面改造金融业，对风险管控、精细化管理、服务创新等方面具有重要意义。与21世纪初互联网刚刚起步时仅将网上银行作为渠道经营不同，当前的互联网金融具有尊重客户体验、强调交互式营销、主张平台开放等新特点，且在运作模式上更强调互联网技术与金融核心业务的深度整合，以及风险管理技术与客户价值挖掘技术等的进一步融合。而且，随着大数据分析思维的引入以及技术的逐步推广，通过个人客户网络行为产生的各种活动数据，可以较好地把握客户的行为习惯以及风险偏好等特征。因此，为了在大数据浪潮中把握趋势，可采用相关技术深入挖掘相关数据，通过对客户消费行为模式以及事件关联性的分析，更加精确地掌握客户群体的行为模式，并据此进行零售电子商务风险评分模型设计，使其与客户之间的关系实现开放、交互和无缝连接，满足商业银行风险管理工作的精细化要求和标准，并为打造核心竞争力提供决策依据。

（一）电子商务风险评分模型的开发过程

电子商务风险评分模型的开发过程具体如下。

1. 进行相关业务数据分析和评估

此阶段是对内部电子商务企业数据和环境进行深入研究和分析，并对业务数据进行汇总检查，了解数据是否符合项目要求，并评估数据质量。

2. 基于相关建模方法进行模型设计

此阶段主要定义电子商务客户申请评分卡的目标和开发参数，如电子商务客户定义标准、排除标准，对各类客户的定义，建模的观察窗口、表现窗口、抽样计划等。

3. 建模数据准备

此阶段根据详细的数据分析结果以及开发所需的数据，为模型开发进行数据提取和准备，主要进行业务数据及关键变量的推导、合并，生成建模样本中的每个账户的预测变量、汇总变量以及好、坏、不确定、排除标志。

4. 进行指标的细分分析

此阶段主要用来识别最优的群体细分，确定相关的建模备选变量，并在此基础上开发一系列的评分模型，使得整体评分模型体系的预测能力达到最大化。

5. 模型的确定和文档撰写

模型的确定和文档撰写包括最终模型的开发和最终标准的模型文档。在确定了建模的基础方案及各指标参数后，采用统计学汇总及业务讨论等方法，对进入模型的每个变量产生一份特征变量分析报告，以评价各变量的表现情况。在此基础上，总结归纳变量的表现，并采用一定的方法，将账户的风险与评分结果建立起函数关系，构建体系性的评分卡模型。

6. 进行模型的验证

此阶段分为建模样本内验证和样本外验证。样本外验证又分为建模时点验证和最新时点验证两部分。验证的工作主要是进行评分卡工具在模型的区分能力、排序能力和稳定性方面的建议工作。

（二）构建特征变量库并进行模型框架设计

此阶段的主要工作如下。

第一，创建申请及企业信息数据集（备选变量库）。根据相关业务特征及风险管理的实践，大致可以从个人特征类变量、网络行为类变量、交易行为类变量、合同类变量、征信类变量等进行相关备选变量的构建和组合。

第二，利用决策树模型，进行客户群组细分。通过上述备选特征变量，利用决策树模型，最终将客户划分为投资进取型、个人消费交易型和小微企业资金需求型。其中，投资进取型客户主要为理财类、贵金属外汇等产品交易类客户，其更多的是利用电子商务平台和网络银行渠道进行投资活动，而对信贷资金的需求较小。个人消费交易型客户主要为信用卡消费、网上商城消费的个人消费者和汽车贷款、消费分期等个人消费类贷款网上申请客户。小微企业资金需求型客户主要为 B2B 和 B2C 类的小微企业客户。

第三，进行各客户群组特征变量的分析和筛选。通过对各客户群组特征变量的分析可以看出，不同的客户群体，其高度相关的特征变量具有较大的差异性。例如，对于投资进取型客户，其登录网银账号后的点击栏目与个人消费交易型客户具有明显的差异，且信用卡利用频率和额度使用率也存在较大差异。因此，可以通过此类方法，寻找出最具有客户特征的变量组。

第四，进行模型框架设计。通过对上述客户群体特征的归纳和总结，同时考虑相关数据的充分性和完整性，目前可针对个人消费交易型以及 B2B 和 B2C 类的小微企业客户等风险评分模型进行构建。

（三）实证研究结果

比如 B2C 类个人消费交易型客户风险评分卡模型，以某商业银行电子商务业务发展规模较大的分行为例，基于 2009 年至 2012 年 12 月末的业务数据构建电子商务零售客户评分卡模型。同时，为合理扩大相关业务数据分析范围，涵盖了与电子商务相关的信用卡业务、小微企业业务、个人消费贷款等线下产品的相关数据。实证结果表明，采用大数据挖掘构建的零售电子商务风险评分卡模型，不仅提高了业务办理的效率，而且还可以全面衡量电子商务客户的相关风险。经过对单笔债项的测试，采用电子商务风险评分卡可以在几秒钟内进行风险识别和评判。

参考文献

[1] 蔡维灿．财务管理［M］．北京：北京理工大学出版社，2020.

[2] 程琨．财务管理理论研究［M］．青岛：中国海洋大学出版社，2017.

[3] 邓春贵，刘洋洋，李德祥．财务管理与审计核算［M］．北京：经济日报出版社，2019.

[4] 董俊岭．新经济环境背景下企业财务会计理论与管理研究［M］．北京：中国原子能出版社，2019.

[5] 段顺玲，李灿芳．财务管理［M］．北京：北京理工大学出版社，2020.

[6] 高云进，董牧，施欣美．大数据时代下财务管理研究［M］．长春：吉林人民出版社，2021.

[7] 郭昌荣．财务会计及其创新研究：基于管理视角［M］．北京：中国商业出版社，2021.

[8] 胡娜．现代企业财务管理与金融创新研究［M］．长春：吉林人民出版社，2020.

[9] 金宏莉，曾红．大数据时代企业财务管理路径探究［M］．北京：中国书籍出版社，2021.

[10] 景秋云，吴萌，吴韶颖．财务管理理论与实务研究［M］．北京：中国商业出版社，2018.

[11] 寇改红，于新茹．现代企业财务管理与创新发展研究［M］．长春：吉林人民出版社，2022.

[12] 李艳华．大数据信息时代企业财务风险管理与内部控制研究［M］．长春：吉林人民出版社，2019.

[13] 刘阳．高级财务管理［M］．北京：北京理工大学出版社，2021.

[14] 沙亦鹏，叶明海，王伟榕．万众创新时代下的企业创新与财务管理［M］．上海：同济大学出版社，2019.

[15] 王吉凤，王莉莉，程腊梅．财务管理［M］．北京：北京理工大学出版社，2022.

[16] 王小沐，高玲．大数据时代我国企业的财务管理发展与变革［M］．长春：东北师范大学出版社，2017.

[17] 叶怡雄．企业财务管理创新实践［M］．北京：九州出版社，2021.

[18] 赵文妍，曹丽．财务管理与理论研究［M］．哈尔滨：黑龙江科学技术出版社，2019.

[19] 邹娅玲，肖梅崚．财务管理［M］．重庆：重庆大学出版社，2021.

[20] 陈琳．基于财务共享视角下公司财务管理创新研究［J］．财经界，2023（17）：129－131.

[21] 程宏瑶．基于数智化转型下企业财务管理创新路径分析［J］．上海商业，2023（07）：153－155.

[22] 崔洁．基于全面预算的企业财务管理创新问题的探讨［J］．纳税，2021，15（30）：97－98.

[23] 樊爱国．互联网时代下企业财务管理创新思考［J］．现代商业，2022（35）：161－164.

[24] 郭明，齐凯．大数据背景下中小企业财务管理创新策略［J］．现代商业，2022（03）：144－146.

[25] 厚文健．科技驱动下的财务管理创新［J］．财会学习，2023（22）：35－37.

[26] 黄素梅．企业财务管理理念的变化及创新［J］．财经界，2019（06）：132.

[27] 黄子艺．浅谈将企业财务管理理念引入财政管理［J］．福建茶叶，2020，42（04）：77－78.

[28] 姜天华．大数据时代下现代企业财务管理创新［J］．行政事业资产与财务，2021（22）：97－98.

[29] 李兵兵．信息化背景下企业财务管理创新路径研究［J］．财会学习，2023（22）：50－52.

[30] 潘士涛．精益化管理理念在国有企业财务管理中的应用［J］．中国物流与采购，2022（17）：61－62.

[31] 潘周宾．基于内部控制的企业财务管理创新措施［J］．财经界，2022（36）：111－113.

[32] 邵子真．知识经济与企业财务管理创新探究［J］．中国物流与采购，2022（01）：113－114.

[33] 沈勍．新会计准则下企业财务管理理念的创新分析［J］．质量与市场，2022（13）：67－69.

[34] 万志彤．新会计准则下企业财务管理理念的转变［J］．全国流通经济，2021（05）：171－173.

[35] 王艳慧. 基于大数据分析的财务管理创新思考 [J]. 财会学习, 2022 (30): 17-19.

[36] 韦艳. 如何将企业财务管理理念引入财政管理 [J]. 中国外资, 2019 (22): 52-53.

[37] 肖英菊. 财务管理创新在国企市场化改制中的重要作用 [J]. 中国乡镇企业会计, 2023 (07): 46-48.

[38] 肖映雪. 财务共享中心模式下财务管理研究 [J]. 中国集体经济, 2022 (25): 135-137.

[39] 许黎艳. 大数据时代如何探寻财务管理创新路径 [J]. 中国商界, 2023 (07): 84-85.

[40] 薛楠. 大数据时代企业财务管理创新优化路径研究 [J]. 全国流通经济, 2022 (04): 70-72.

[41] 杨煜波. "互联网+"时代下企业财务管理创新思考 [J]. 上海商业, 2022 (03): 110-112.

[42] 殷燕. 物联网时代财务管理的创新与发展探究 [J]. 市场周刊, 2022, 35 (11): 171-173+190.

[43] 尹建武. 新会计准则下财务管理创新研究 [J]. 财会学习, 2022 (08): 34-36.

[44] 于艳芳. 基于精益管理视角下国有企业财务管理创新路径探讨 [J]. 中国产经, 2021 (20): 166-167.

[45] 袁巧玲. 大数据背景下现代企业财务管理创新探究 [J]. 中国中小企业, 2022 (10): 99-101.

[46] 张家霖. 智能制造背景下制造企业财务管理创新及对策——以 WC 公司为例 [J]. 西部财会, 2022 (10): 58-60.

[47] 张苗. 经济新常态下企业财务管理创新策略研究 [J]. 投资与创业, 2023, 34 (12): 121-123.

[48] 张若琳. 新经济背景下企业财务管理创新问题的探讨 [J]. 产业创新研究, 2022 (17): 166-168.

[49] 赵丽英. 价值型财务共享与财务管理创新模式研究 [J]. 广东经济, 2023 (06): 77-79.

[50] 郑锦英. 秉承精细化管理理念, 完善企业财务管理工作的论述 [J]. 营销界, 2022 (10): 170-172.

[51] 郑丽英. 网络经济时代下企业财务管理创新举措探究 [J]. 中国乡镇企业会计, 2023 (06): 134-136.

[52] 朱生琴. 大数据时代企业财务管理创新研究 [J]. 财会学习, 2022 (06): 50-52.

[53] 庄炜. 大数据与企业财务管理创新 [J]. 中国市场, 2022 (05): 182-183.